ALBRECHT KELLNER

MODERNE PHYSIK UND CHRISTLICHER GLAUBE

WIE DIE BIBEL DIE WISSENSCHAFT BESTÄTIGT

SCM
Hänssler

SCM

Stiftung Christliche Medien

SCM Hänssler ist ein Imprint der SCM Verlagsgruppe, die zur Stiftung Christliche Medien gehört, einer gemeinnützigen Stiftung, die sich für die Förderung und Verbreitung christlicher Bücher, Zeitschriften, Filme und Musik einsetzt.

MIX
Papier | Fördert gute Waldnutzung
FSC® C014496

2. Auflage 2024

Max-Eyth-Straße 41 · 71088 Holzgerlingen
Internet: www.scm-haenssler.de; E-Mail: info@scm-haenssler.de

Umschlaggestaltung: Grafikbüro Sonnhüter, www.grafikbuero-sonnhueter.de
Titelbild: Sylverarts Vectors, p_jirawat (shutterstock.com)
Autorenfoto: © 2015 ERF Medien, Andreas Lehmann
Satz: typoscript GmbH, Walddorfhäslach
Druck und Bindung: GGP Mediia GmbH, Pößneck
Gedruckt in Deutschland
ISBN 978-3-7751-6152-7
Bestell-Nr. 396.152

INHALT

VORWORT

Oft höre ich die erstaunte Frage: »Wie können Sie als Physiker Christ sein?« Begründet wird dieses Unverständnis meist mit zwei Unterstellungen: Erstens: Als Christ muss man glauben. Das heißt, man muss Dinge für wahr halten, die man nicht beweisen oder erfahren kann. Und zweitens: Man muss sogar Dinge für wahr halten, die im Widerspruch zu den Erkenntnissen der Naturwissenschaft stehen.

Bis zu meinem 25. Lebensjahr hätte ich diese Frage nach einer Begründung für das Christsein eines Physikers genauso und mit dem gleichen Unverständnis stellen können. Evangelisch getauft und konfirmiert, hatte ich als gelegentlicher Kirchgänger mit meinen Eltern zu Weihnachten und Ostern doch nicht die geringste Ahnung davon, dass sich hinter dem Christsein weit mehr verbirgt, als man landläufig annimmt. Insbesondere wäre es mir nicht im Traum eingefallen, dass ich später ausgerechnet im christlichen Glauben in meiner Suche nach dem Sinn des Lebens auf unmissverständliche Weise fündig werden sollte.

Schon in meiner Teenagerzeit war ich ein Sinnsuchender. Vielleicht ist das dem Umstand geschuldet, dass ich in Namibia geboren und aufgewachsen bin und dort mit allerhand gewaltigen Naturphänomenen konfrontiert war. So liegt mein Geburtsort Swakopmund an der Küste der ältesten Wüste der Welt, der Namib. Mittlerweile ist diese Stadt ein beliebter Kurort geworden, der in den heißen Sommermonaten von zahllosen Urlaubern bevölkert ist. Aber als ich dort aufwuchs, war es ein kleiner Ort mit vergleichsweise wenigen, direkt in den Sand gebauten Häusern. Wenn man auf der Hauptstraße stand und in eine Richtung blickte, sah man das Meer, und wenn man sich umdrehte, die endlose Wüste. Ein Hauch der Einsamkeit durchwehte den Ort und früh hatte ich den Eindruck, in totaler Abgeschiedenheit auf einem seltsamen Planeten zu wohnen.

Dieser Eindruck verstärkte sich noch, wenn der sonntägliche Spaziergang mit meinen Eltern nicht etwa in einen Park führte – den gab es dort nicht –, sondern an die endlosen Strände am Atlantik oder durch die Weiten der Dünenlandschaften entlang der Küste. Oder wenn wir aufs Geratewohl in die Wüste fuhren, bis wir einen kleinen Baum fanden, an dessen dürftigen Schatten man kampieren konnte, den mitgebrachten Kuchen und den Kaffee auspackten und nach einem Picknick nachdenklich wieder nach Hause fuhren. Der Anblick der Wüste mit den riesigen Weiten von Nichts, mit den schroffen, schwarzen Felsmassiven in der Ferne ließ mich unwillkürlich erahnen, wie man sich auf dem Mond fühlen musste, und hinterließ unauslöschliche Erinnerungen.

Am überwältigendsten war aber stets der Eindruck, den der namibische Sternenhimmel vermittelte, der nicht zu vergleichen ist mit dem, was man in nördlichen Breitengraden meist zu sehen bekommt: Der ganze Himmel ist übersät mit unendlich vielen kristallklar funkelnden Sternen, die Milchstraße ist überdeutlich als breites Band glitzernder Punkte zu sehen, und wenn man den Feldstecher auf einen dieser Punkte richtet, dann löst sich dieser in dutzende weitere Punkte auf – das Ganze ist eine kristallklare, dreidimensionale Struktur!

Es waren wohl diese Eindrücke, die in mir mehr oder weniger bewusst die Ahnung aufsteigen ließen, dass sich hinter diesen Phänomenen ein tieferer Sinn verbergen muss. Ob man den entdecken könnte? Dass mir niemand diese Frage beantworten konnte, hinderte mich nicht daran – als Teenager vielleicht zunächst noch eher unbewusst, aber später immer expliziter –, nach einem Sinn des Lebens zu forschen.

Konsequenterweise schiffte ich mich nach dem Abitur in einen der großen Passagierdampfer zur Fahrt von dem etwas südlich von Swakopmund gelegenen öden Hafenstädtchen Walfischbucht nach Europa zum Studium der Physik ein. Fliegen war damals für Normalsterbliche noch unerschwinglich und zudem mit vielen Zwischenlandungen entlang der afrikanischen Küste äußerst mühsam.

Erwartungsvoll begann ich in Göttingen an der ehrwürdigen Georg-August-Universität das Studium. Aber schon nach wenigen Semestern erkannte ich, dass die Physik keine Antwort auf die Sinnfrage zu geben vermag. Sie erhebt auch nicht den Anspruch, dies zu leisten. Mehr noch: Man kann ihre Ergebnisse auch nicht zur Beurteilung der Frage heranziehen, ob es überhaupt einen Sinn gibt oder nicht. Die Aufgabe der Physik ist eine völlig andere: Sie beobachtet und protokolliert die Naturphänomene, aber das Rätsel ihrer Vorgegebenheit kann sie nicht lösen. Sie kann ihre Gesetze entdecken und in mathematischen Modellen aufschreiben, aber den Grund für die erstaunlichen Gesetzmäßigkeiten in der Natur kennt sie nicht.

Gleichwohl werden ihre Ergebnisse immer wieder dahingehend interpretiert, dass sie die Natur aus sich selbst heraus »erklären« könne, und zwar in dem Sinne, dass deswegen eine tiefer liegende Ursache überflüssig sei. Allerdings beruht diese Interpretation auf einer nur oberflächlichen Kenntnis der Physik und hier insbesondere der modernen Physik. Einer tieferen Durchdringung der

Naturwissenschaft hält sie nicht stand. Vielleicht am treffendsten beschreibt diesen Umstand ein Zitat, das dem berühmten Physiker, dem Begründer der Quantenphysik Werner Heisenberg zugeschrieben wird: »Der erste Trunk aus dem Becher der Naturwissenschaft macht atheistisch, aber am Grunde des Bechers wartet Gott.«

Diese Erkenntnis auch in meinem Leben war Anlass für mich, dieses Buch zu schreiben, und das verbinde ich mit der Hoffnung, dass es dem einen oder anderen Leser eine Hilfe bei dieser seltsamen Sinnsuche sein möge, mit der jeder Mensch – bewusst oder unbewusst – unterwegs ist.

Oder, falls der Leser bereits fündig geworden ist, dass ihm damit eine Argumentationshilfe an die Hand gegeben ist, anderen Suchenden Vorurteile und Schwierigkeiten auf diesem Weg auszuräumen.

EINLEITUNG

Das Christentum und damit die stabilisierenden Werte unserer westlichen Gesellschaft geraten immer mehr in Vergessenheit. Erst recht ist in Vergessenheit geraten, was das eigentliche Wesen des Christseins ist. Generell meint man, dass es sich lediglich um die Zugehörigkeit zu einer der Denominationen handelt, deren wesentliches Merkmal in einem Verhaltenskodex besteht, dessen Qualitäten sie propagiert und dessen kollektive Einhaltung sie fordert – ähnlich wie bei allen anderen Religionen. Dass das Christentum in diesem Sinne gerade keine Religion ist, sondern in seiner eigentlichen Bedeutung etwas ganz anderes anbietet, nämlich eine individuelle, innere Erfahrung, die unmissverständlich die Qualität des Sinns des Lebens trägt, ist heutzutage weitgehend unbekannt.

Der Grund hierfür liegt zum einen sicherlich in dem historischen Erscheinungsbild eines immer wieder falsch verstandenen und missbrauchten Christentums, und zum anderen in der Dominanz naturwissenschaftlicher Erkenntnisse im Weltbild des modernen Menschen. Die gängige Meinung ist, dass Naturwissenschaft und Bibel sich widersprechen. Das war richtig – aber nur in Bezug auf die inzwischen überholte »klassische« Physik. Seit etwa hundert Jahren hat sich ein gewaltiger Umbruch in der Physik ereignet, deren Erkenntnisse sich den biblischen Aussagen, soweit diese einen naturwissenschaftlichen Bezug haben, erstaunlich deutlich angenähert haben. Die früheren Bedenken hinsichtlich der Vereinbarkeit von Glauben und Naturwissenschaft sind heutzutage weitgehend ausgeräumt.

Man kann sagen, dass die moderne Physik die Richtigkeit der Bibel heute weitestgehend bestätigt. Dabei sind es aber nicht die biblischen Aussagen, die sich geändert haben, sondern die naturwissenschaftlichen Erkenntnisse. Genauer müsste man daher sagen, dass nicht die Naturwissenschaft die Bibel bestätigt, sondern die Bibel der Naturwissenschaft bescheinigt, heute auf dem richtigen Weg zu sein!

Obwohl uns die gewaltige Umwälzung in der Physik mit ihren bahnbrechenden Erkenntnissen speziell in der Relativitätstheorie und Quantenphysik tiefe Einblicke in die Entstehung des Universums ermöglicht und uns die modernen Technologien bescherte, ist ihre ebenso gewaltige Auswirkung auf unser Weltbild noch weitestgehend unbekannt.

Insbesondere ist man heute immer noch der Auffassung, dass die Physik alles erklärt, und was sie heute noch nicht erklären kann, das würde sie in der Zukunft noch tun können. Und damit wäre die Hypothese »Gott« überflüssig. Dabei war es gerade die Abkehr von den Vorverständnissen der klassischen Physik, mit denen man meinte, sich die Welt erklärt zu haben, zu der weit demütigeren Haltung des Beobachters, der staunend die ihm vorgegebene und rätselhafte Natur zur Kenntnis nahm, die am Anfang des vorigen Jahrhunderts zu den dramatischen Durchbrüchen der Physik führten. Die Physiker mussten von ihren lieb gewonnenen »Erklärungen« der Welt abrücken und begreifen, dass nicht sie die Natur ergründen können, sondern dass sich die Natur in ihrem unergründlichen Wesen nur dann etwas weiter öffnet, wenn man sie unbelastet von vorgefertigten Erklärungen lediglich zur Kenntnis nimmt und sie einfach nur beschreibt. Die Physik erklärt nichts, sie beschreibt nur.

Dass man fälschlicherweise der Physik den Nimbus des Alles-erklären-Könnens unterstellt, hat vor allem mit einem Missverständnis sowohl der Bedeutung des Wortes »erklären« als auch der Natur der physikalischen Gesetze zu tun. So kann man zum Beispiel die Meinung hören, dass die Funktionsweise der Prozessoren in einem Handy mit den Gesetzen der Quantenphysik »erklärt« wird. Genau genommen handelt es sich dabei aber nicht um eine Erklärung in einem endgültigen, ontologischen Sinn, sondern lediglich um eine Beschreibung der Funktionsweise der Prozessoren anhand dieser quantenphysikalischen Gesetze. Die Gesetze selbst, auf die man die Funktionsweise des Handys zurückführen kann, sind aber nur Beschreibungen der nach wie vor rätselhaften quantenmechanischen Phänomene, die die Physiker in mühsamer Kleinarbeit entdeckt hatten. Sie erlauben lediglich, die Vorgänge in der Natur und ihre Gesetzmäßigkeit zur Entwicklung von Handys zu nutzen, mehr nicht.

Insofern ist der Argumentation gegen die Existenz eines Schöpfers damit, dass die Physik alles erklären könne, der Boden entzogen. Darüber hinaus gilt sogar, dass vieles in der modernen Physik und Kosmologie eher auf die Existenz eines Schöpfers hinweist als diese verneint. Gerade deswegen befassen und befassten sich namhafte Wissenschaftler wie der verstorbene Physiker Stephen Hawking mit der Frage nach einem Urheber von allem, wobei dessen Schlussfolgerung kurz vor seinem Tode – die Hypothese »Gott« sei überflüssig – zur Überraschung seiner Kollegen auf einem gedanklichen Fehler beruht, wie in diesem Buch noch beschrieben werden wird. Auf eine unerwartet tiefsinnige Weise bestätigt diese fehlerhafte Schlussfolgerung geradezu die umgekehrte Schlussfolgerung: die Hypothese »Gott« ist offenbar nicht überflüssig!

Zielsetzung dieses Buches ist es, diese heute noch wenig bekannte Konvergenz von biblischen Aussagen und Erkenntnissen der modernen Naturwissenschaft aufzuzeigen, und zwar sowohl generell hinsichtlich der Existenz eines Schöpfers als auch speziell hinsichtlich der einzelnen Aussagen der Bibel mit naturwissenschaftlicher Bedeutung.

Neben dieser Auffassung einer Diskrepanz zwischen Bibel und Physik gibt es in unserer naturwissenschaftlich geprägten Gesellschaft eine weitere Schwierigkeit in Bezug auf den christlichen Glauben: der Glaube selbst. Während man bei der Physik davon ausgeht, dass alle ihre Erkenntnisse auf überprüfbaren Fakten beruhen, ist man allenthalben der Meinung, dass das wesentliche Merkmal eines Christen darin besteht, dass er Dinge für wahr halten muss, die er nicht beweisen oder überprüfen kann.

Diese Vorstellung von einem »blinden« Glauben des Christen beruht auf einem Irrtum. Abgesehen davon, dass auch die Physiker an etwas glauben müssen, was sie nie beweisen können – nämlich dass die Naturgesetze auch morgen noch gelten –, ist das zentrale Merkmal des Christseins wie in der Physik tatsächlich auch ein konkretes Erkennen. Der Glaube ist nur die Funktion, mit der man geistige Realitäten erfasst. Entscheidend ist, dass man vom Glauben zum Erkennen, zu einer inneren Wahrheitsempfindung kommt. Erst dann hat das Christsein in seiner eigentlichen Bedeutung überhaupt erst begonnen. Dieser Prozess, durch den man zur Entdeckung von bis dato unbekannter Realitäten kommt, ist auch sonst nicht unbekannt. Zum Beispiel glaubte Kolumbus, dass er Land finden würde, und fand Amerika – aufgrund dieses Glaubens. Analog verhält es sich mit der Entdeckung bzw. Erfahrung eines Christen. Bei diesem Erkennen des Christen handelt es sich um eine konkrete, unmissverständliche Erfahrung, dort, wo man

Wahrheit erfährt, aus der sich der Sinn des menschlichen Lebens erschließt.

Obwohl diese Erfahrung subjektiv in dem Sinne ist, dass sie im Geist des Menschen entsteht und nur von ihm selbst wahrgenommen wird, ist sie doch objektiv in dem Sinne, dass jeder die gleiche Erfahrung macht, sofern er die Voraussetzung für ihr Eintreten erfüllt. So wie man im Falle eines wissenschaftlichen Experimentes dann von objektiven Erkenntnissen spricht, wenn andere Naturwissenschaftler das gleiche Experiment mit dem gleichen inhaltlichen Ergebnis wiederholen können, kann man auch im Falle der christlichen Grunderfahrung von einem objektiven Erkennen sprechen. Das »Experiment«, sich auf die christliche Erfahrung einzulassen, zeitigt immer das gleiche Ergebnis. Der einzige Unterschied zur naturwissenschaftlichen Vorgehensweise besteht offensichtlich darin, dass der Experimentator sich nicht außerhalb seines experimentellen Apparates befindet, sondern selber diesen »experimentellen Aufbau« darstellt. Wesen und Inhalt dieser erstaunlichen und weitgehend unbekannten Erfahrungsgrundlage des Christseins zu erläutern, ist eine weitere Zielsetzung dieses Buches.

DER ANFANG

Bis vor rund hundert Jahren war die Vorstellung, dass das Universum einen Anfang gehabt haben könnte, für Naturwissenschaftler völlig inakzeptabel. Allenthalben war man der Auffassung, dass der Sternenhimmel, das Weltall, mehr oder weniger immer so aussah wie heute, also ohne Anfang und ohne Ende sei. Und wenn es keinen Anfang gibt, dann gibt es auch keinen »Anfänger«. Zumindest ließe die Existenz der Schöpfung keinen Schluss auf die Existenz eines Schöpfers zu, wie sie etwa der christliche Glaube voraussetzt. Dass der Apostel Paulus von Tarsus es als selbstverständlich ansah, dass man die Existenz Gottes und sein Wesen an der Schöpfung erkennen könne, wie er es einer Gemeinde in Rom schrieb: »Denn sein unsichtbares Wesen – das ist seine ewige Kraft und Gottheit – wird seit der Schöpfung der Welt, wenn man es wahrnimmt, ersehen an seinen Werken« (Römer 1,20), sei eben nicht selbstverständlich.

Doch die Annahme der Unendlichkeit und Unveränderlichkeit des Universums fand zu Beginn des letzten Jahrhunderts auf dramatische Weise ein jähes Ende. Dabei bestand die Dramatik nicht nur in der Tatsache dieses Endes, sondern auch darin, dass dieses Ende von den Physikern selbst zunächst gar nicht erkannt wurde und sie sich erst mühsam mit den Implikationen ihrer eigenen Theorien abfinden mussten. Was war geschehen?

Von Ptolemäus zu Newton

Im Prinzip war es das Ergebnis eines fundamentalen Wandels im Denken der Physiker, welcher der Physik in großen zeitlichen Abständen immer wieder zu gewaltigen Durchbrüchen verholfen hat. Salopp formuliert kann man diesen Wandel als Schritte von philosophisch geleiteten Überlegungen und entsprechend festgefügten Vorurteilen oder Vorverständnissen über die Natur zu der immer genaueren Kenntnisnahme von empirischen Manifestationen dieser Natur beschreiben. Überlegungen zu bislang ungeklärten oder neu entdeckten Phänomenen treiben diesen Wandel immer wieder genau dann an, wenn geistige Mauern überwunden werden, die der Physiker Ralf Bergmann beschreibt als »gedankliche Festlegungen, die so tief verwurzelt sind, dass sie nicht mehr hinterfragt werden«[1]. Und es hat den Anschein, als ob dieser Prozess nie zu Ende kommen würde.

Erstaunlicherweise – und darauf wird später genauer eingegangen werden – scheint dieser Prozess im Bereich der Naturwissenschaft auch eine Entsprechung bei der Sinnfindung eines Menschen zu haben. Erst wenn bisherige, festgefahrene Vorstellungen aufgebrochen und infrage gestellt werden, kann Neues, bislang noch nicht Bekanntes, entdeckt werden. Erst als ich mich mit 25 Jahren nicht mehr von meiner bisherigen Auffassung vom Christentum als einer wertebasierten, einengenden Religion bestimmen ließ, war mir der Blick auf die eigentliche Bedeutung des Christseins möglich.

Erst als Naturwissenschaftler und Mathematiker wie Kopernikus, Kepler und Galilei die damals vorherrschende, im Wesentlichen von Ptolemäus geprägte Auffassung von einem geozentrischen Universum infrage stellten, konnten sie den Schritt zu einem heliozentrischen Weltbild vollziehen.

Ptolemäus beschrieb im 2. Jahrhundert n.Chr. eine Kosmologie, nach der die Erde Mittelpunkt des Weltalls war und von Himmelskörpern umkreist wurde. Allerdings gab es deutliche Diskrepanzen zu Beobachtungen, die mit diesem Modell nicht zu erklären waren. Im Jahre 1543 schlug Nikolaus Kopernikus in dem Buch *De revolutionibus orbium coelestium* ein wesentlich einfacheres Weltbild vor, das diese Probleme in einer ersten Näherung löste. Demnach bewegten sich die Planeten auf Kreisbahnen um einen Punkt, der nahe der Sonne lag und auch von dieser umkreist wurde. Diese Abkehr vom ptolemäischen Weltbild wurde durch die Beobachtungen des Astronomen Tycho Brahe unterstützt, dessen großes Datenmaterial seinem Assistenten Johannes Kepler später ermöglichte, das kopernikanische Modell durch die Annahme zu verfeinern, dass erstens die Planeten die Sonne selbst umrunden, und dass zweitens dies auf Ellipsen statt auf Kreisbahnen geschieht! Diese Erkenntnis wurde durch die Entdeckung der Jupitermonde durch Galileo Galilei unterstützt: Das waren Himmelskörper, deren Bewegungsmittelpunkt auch nicht die Erde war, sondern der Jupiter. Wie sehr vorgefasste Meinungen den Schritt zu neuen Erkenntnissen dann aber immer noch behindern können, zeigt sich daran, dass Galilei seine heliozentrischen Ansichten später widerrufen musste und zu lebenslangem Hausarrest verurteilt wurde.

Schließlich setzte sich jedoch der Ausbruch aus den als sicher geglaubten Erkenntnissen zur unvoreingenommenen Kenntnisnahme der empirischen Daten durch und fand damals seinen krönenden Abschluss in den genialen Arbeiten von Isaac Newton. Damit war der Startpunkt für eine Entwicklung gesetzt, an deren Ende die noch genialere Arbeit Albert Einsteins stehen sollte, die letztlich zu der bahnbrechenden Erkenntnis führte, dass das Universum doch einen Anfang hat.

Auch ein Laie kann diese faszinierende Entwicklung in etwa nachvollziehen, und deshalb soll im Folgenden der Versuch unternommen werden, die entsprechenden Gedankengänge kurz nachzuzeichnen, auch wenn dabei einige simple Formeln vorkommen.

Etwa vor 300 Jahren fand Newton heraus – was eigentlich jedem sofort einleuchtet –, dass sich ein Körper unter der Einwirkung einer Kraft beschleunigt in Bewegung setzt. Ferner fand er heraus, dass jeder Körper träge ist. Er beschleunigt umso langsamer, je größer seine Masse ist. Diese Masse nennt man deswegen auch »träge Masse«, hier abgekürzt mit Mt. Diese Erkenntnisse fasste er nun in seinem berühmten Bewegungsgesetz zusammen:

Kraft = Mt x Beschleunigung.

Damit konnte Newton tatsächlich die ungeheure Vielfalt sämtlicher vorkommender mechanischer Abläufe beschreiben.

Hinzu kam seine Formulierung des Gravitationsgesetzes. Dahinter steht die Idee, dass ein materieller Körper, wie etwa die Erde, ein Kraftfeld um sich herum aufbaut, das auf ein anderes Objekt eine Anziehungskraft ausübt und es damit »schwer« erscheinen lässt bzw. ihm ein Gewicht verleiht, wie zum Beispiel einem Apfel, der an einem Apfelbaum hängt. Die Größe dieser Kraft ist proportional zur Masse dieses Objektes. Das muss zunächst aber nicht die genannte träge Masse sein, und man nennt sie deswegen vorsichtshalber »schwere Masse«, hier abgekürzt mit Ms. Zur Berechnung der Anziehungskraft eines materiellen Körpers auf ein anderes Objekt werden noch weitere Faktoren benötigt, die mit dem materiellen Körper zusammenhängen, der die Anziehungskraft ausübt, und hier der Einfachheit halber nicht weiter dargestellt werden. So kann man die Gravitationskraft, die auf das Objekt mit der schweren Masse Ms einwirkt, beschreiben als

Gravitationskraft = Ms x weitere Faktoren.

Der bahnbrechende Gedankenblitz Newtons bestand nun darin, dass er erkannte, dass dieses Gesetz nicht nur auf der Erde gilt und nicht etwa nur den Fall eines Apfels vom Baum bestimmt, sondern universelle Gültigkeit besitzt – also auch zum Beispiel für die Bahn der Planeten um die Sonne.

Indem er diese Gravitationskraft in seine Bewegungsgleichung einsetzte, folgte etwa für die Bewegungsgleichung der Erde um die Sonne (wobei die Sonne infolge ihrer großen Masse in dieser Gleichung als ruhend angenommen wird):

Ms x weitere Faktoren = Mt x Beschleunigung.

Damit lieferte er die endgültige Bestätigung der Korrektheit des heliozentrischen Weltbildes, denn mit dieser Formel konnte er die Bewegung aller Planeten mit großer Genauigkeit berechnen.

Von Newton zu Einstein

Diese Gleichung wurde für alle Physiker zu einer Selbstverständlichkeit. Nach einer ersten Zeit der Gewöhnung fand daran niemand mehr etwas Besonderes – bis 200 Jahre später einem jungen Physiker namens Albert Einstein etwas Merkwürdiges auffiel, was alle anderen bislang übersehen hatten.

Die nun folgende Betrachtung ist stark vereinfacht und entspricht nicht ganz seinem Gedankengang, spiegelt aber das Wesentliche wider: Sämtliche Messungen hatten nämlich gezeigt, dass träge und schwere Masse eines Körpers einander proportional sind und man sie einander gleichsetzen kann. Somit können beide Massen aus der obigen Gleichung herausgekürzt werden. Das heißt, die Beschleunigung, die etwa die Erde im Gravitationsfeld der Sonne erfährt, hängt gar nicht von ihrer eigenen Masse ab, denn ihre Masse erscheint gar nicht mehr in der Gleichung! Wäre die Masse der Erde etwas größer oder kleiner, würde die Erde immer noch die gleiche Bahn um die Sonne verfolgen! Irgendwie scheint ihre Bahn im Raum schon vorgezeichnet zu sein. Das hieße, dass ihre Bahn gar nicht von ihrer Eigenschaft, ihrer Masse, abhängt, sondern eine Eigenschaft des Raumes wäre!

Und genau das führte zu der so genialen wie verwegenen Idee Einsteins: Nicht ein Gravitationsfeld bestimmt die Bewegung der Planeten, sondern die Geometrie des Raumes! Die Sonne krümmt den Raum derart, dass die Erde in diesem gekrümmten Raum einer gekrümmten, ellipsenförmigen Bahn um die Sonne folgen muss. Und diese Wirkung der Sonne auf den sie umgebenden Raum gilt für alle Massen, nicht nur für die Erde. Die gedankliche Revolution war vollzogen: Massen erzeugen kein Gravitationsfeld um sich herum, sondern sie krümmen den Raum! Je größer die Massen, desto stärker die Krümmung.

Das war dieser entscheidende Schritt heraus aus einem festgefügten Vorverständnis von der Natur, der eingangs erwähnt wurde! Bislang hatte man es als selbstverständlich angesehen, dass der Raum nur ein unveränderlicher Rahmen sei, in dem man die Bewegungen von Planeten und allen anderen Objekten beschreiben kann. Nun nahm der Raum selbst an dem Geschehen teil und bestimmte es! Und umgekehrt wurde er von dem Geschehen selbst wieder beeinflusst, indem er von den Massen in seiner Krümmung bestimmt wurde.

Das war einer der folgenschwersten Umbrüche in der Geschichte der Physik, der unser ganzes Verständnis vom Universum revolutionieren sollte. Allerdings musste nun erst noch der Gewaltakt vollzogen werden, die Gleichungen zu finden, die die Krümmung des Raumes durch Massen korrekt beschreiben würden. Neben der bahnbrechenden Idee, dass Massen den Raum krümmen, war die Erarbeitung dieser Gleichungen die zweite Meisterleistung Einsteins, wobei ihm dabei allerdings ein guter Freund, der Züricher Mathematikprofessor Marcel Grossmann, helfen musste, um ihn in die erforderliche Mathematik gekrümmter Räume einzuführen, die glücklicherweise einige Jahrzehnte zuvor gerade entwickelt worden war.

1915 war es dann so weit, und Einstein konnte der verblüfften Fachwelt sein äußerst elegantes Gleichungssystem, die sogenannten Feldgleichungen der *Allgemeinen Relativitätstheorie*, vorstellen. Sie bestehen aus einem Satz von sogenannten partiellen Differenzialgleichungen, in denen die Größen, die die Krümmung des Raumes beschreiben, mit den Größen verknüpft werden, die die Materie beschreiben.

Sofort machte man sich an die Arbeit, diese neue Theorie durch Überprüfung der durch sie vorhergesagten Naturphänomene zu verifizieren. Als Erstes konnten die Physiker nachweisen, dass ein gewisses Verhalten des Planeten Merkur, das mit der Newton'schen Theorie nicht erklärt werden konnte, nun korrekt beschrieben wurde. Als Nächstes überprüfte man die verblüffende Folgerung aus dieser neuen Theorie, dass große Massen Lichtstrahlen verbiegen würden. Dies geschah 1919 anlässlich einer Sonnenfinsternis, die es erlaubte, die Positionen von Sternen, wie sie von der Erde aus in der unmittelbaren Umgebung der Sonne gesehen werden, infolge der Abdunkelung durch den Mond noch zu sehen und zu überprüfen. Und in der Tat: Als die vom Mond abgedunkelte Sonne in die Bahn der von einigen Sternen ausgehenden Lichtstrahlen vorrückte, erschienen die Sterne von ihren ursprünglichen Positionen am Himmel versetzt, und zwar exakt um den von Einstein vorausberechneten Betrag!

Inzwischen ist diese Theorie auch durch viele andere Messungen sehr gut bestätigt – so zum Beispiel auch die erstaunliche Vorhersage, dass Uhren in der Nähe großer Massen langsamer gehen als in größerer Entfernung. Dies hängt damit zusammen, dass die Feldgleichungen neben den drei Raumkoordinaten auch die Zeit enthalten und dass Massen nicht nur den Raum verkrümmen, sondern auch die Zeit. So erstaunlich dieser Befund ist – ohne eine entsprechende Korrektur im Gang der Uhren, die entscheidend in die Positionsbestimmung eingeht, würde heute kein Navigationssystem in den Autos auf unseren Straßen funktionieren. Die Zeit an Bord der Navigationssatelliten, die in ca. 2 000 Kilometern Höhe die Erde umkreisen, verstreicht tatsächlich schneller als in den Autos auf der Erde, weil in dieser Höhe die Erdanziehung schwächer ist als auf dem Boden! Der Vollständigkeit halber sei noch hinzugefügt, dass aufgrund der Speziellen Relativitätstheorie Einsteins die Zeit auf den Satelliten infolge ihrer hohen Bahngeschwindigkeit andererseits wiederum etwas langsamer vergeht. Ohne die Berücksichtigung beider Effekte in der Berechnung in unseren Navigationssystemen läge die Positionsbestimmung um viele Meter daneben!

Die Entdeckung des Anfangs

Da die Einstein'schen Feldgleichungen den Einfluss von Massen auf Raum und Zeit beschreiben und das Weltall ein Raum-Zeit-Kontinuum ist, war es naheliegend, nach Lösungen der Einstein'schen Feldgleichungen zu suchen, die das gesamte Weltall beschreiben. Dabei stellte sich heraus, dass es Lösungen gibt, die von der Zeit abhängen – bei denen sich also das Weltall zeitlich verändert. Zu ihrem Erstaunen fanden die Physiker Lösungen, bei denen sich das Weltall immer weiter ausdehnt – wie bei der Oberfläche eines

Luftballons, den man aufbläst. Auch hier dehnt sich der Raum – betrachtet man als »Raum« einmal nur die zweidimensionale Oberfläche des Luftballons – immer weiter aus. Das wirkt sich dahingehend aus, dass sich Punkte auf dieser Oberfläche, die man dort zum Beispiel mit einem schwarzen Filzstift angebracht hat, immer weiter voneinander entfernen. Eine Laus, die auf einem beliebigen dieser Punkte sitzt, würde sehen, wie sich von ihr aus alle Punkte entfernen, und zwar umso schneller, je weiter die Punkte von ihrer Position entfernt sind – und dies unabhängig davon, auf welchem Punkt sie selber sitzen würde.

In Analogie dazu besagen solche zeitabhängigen Lösungen der Einstein'schen Feldgleichungen, dass sich die Galaxien in dem sich ausdehnenden Weltall von jeder beliebigen Position und damit auch von uns aus gesehen immer weiter entfernen, und zwar umso schneller, je weiter sie von uns entfernt sind. Die Galaxien schwimmen sozusagen in dem sich überall ausdehnenden Raum mit und entfernen sich dabei voneinander.

Nun bleibt es uns unbenommen, diese Lösungen rechnerisch in der Zeit zurückzuspulen und das Weltall in dieser Simulation schrumpfen statt sich ausdehnen zu lassen. Dabei ist die zeitliche Entwicklung des sogenannten metrischen Tensors von besonderem Interesse – eine Zahlentabelle, mit der die Geometrie des Raumes beschrieben wird. Und zu ihrem Erstaunen entdeckten die Physiker, dass das Weltall dann auf einen Punkt schrumpft. Die Physiker sprechen von einer Singularität dieses metrischen Tensors. Dort haben Raum und Zeit mathematisch gesehen keine Bedeutung mehr. Diese Singularität stellt gewissermaßen eine zeitlich rückwärtige Berandung oder Begrenzung für Raum und Zeit dar. Mathematisch gesehen gibt es »davor« keinen Raum und keine Zeit!

Wenn man nun die Zeit wieder nach vorn laufen lässt, kommt man zu dem Schluss, dass Raum und Zeit sozusagen aus dieser Singularität, diesem *status nascendi* heraus ihren Anfang nahmen. Und da die uns bekannte Materie nur in einem dreidimensionalen Raum existiert, gilt dieser Anfang auch für die gesamte Materie des Weltalls sowie für die ungeheure Energie, die erforderlich ist, um das Weltall von diesem Anfangspunkt aus zu der Größe auszudehnen, die es heute hat. Ein »Vorher« gibt es also auch für die Materie und Energie und die sie beschreibenden Naturgesetze nicht. Erst ab diesem Start der Zeit hat die Physik überhaupt eine Bedeutung und erlaubt, die weitere Entwicklung des Weltalls im Rahmen ihrer Möglichkeiten zu beschreiben. In diesem Sinne besagt das heutige kosmologische Weltmodell also, dass es für alles einen Anfang gab! Raum, Zeit, Materie und Energie sind erst vor endlicher Zeit entstanden.

Plötzlich stand die Naturwissenschaft nicht mehr im Widerspruch zum ersten Satz in der Bibel, in dem es heißt, dass es einen Anfang gab. Es geht dabei nicht um die Frage, ob dieser Anfang exakt der naturwissenschaftlichen Vorstellung von diesem Anfang entspricht, sondern um die Feststellung, dass der Widerspruch hinsichtlich der Frage ausgeräumt ist, ob es überhaupt einen Anfang des Universums gab oder nicht. In diesem Sinne kann man sagen, dass die moderne Physik die Bibel bestätigt! Aber ist es nicht vielleicht eher umgekehrt so, dass die Bibel den Physikern die Korrektheit ihres neuen Weltbildes bestätigt?

Dieser Gedanke wirft die Frage auf, ob die Bibel mit dem Grund für diesen Anfang nicht ebenso recht haben kann. Während die Physiker bislang nämlich vergeblich nach einer Ursache für diesen Anfang forschten, wie weiter unten noch erörtert wird, spricht die Bibel von einem Verursacher. Hatte der erwähnte Apostel Paulus doch recht mit seiner Aussage, dass man die Existenz eines Schöpfers an der Schöpfung wahrnehmen kann? Was hätte er wohl noch gesagt, wenn er sein »Wahrnehmen« von damals mit diesem Ergebnis der modernen Physik hätte ergänzen können? Vielleicht hätte er hinzugefügt: »Was hätte Gott denn noch mehr tun sollen, um seine Existenz als Schöpfer unter Beweis zu stellen, als solch ein gigantisches Weltall aus dem Nichts hervorbrechen zu lassen?«

Interessant ist nun die Reaktion der Physiker auf diesen Befund. Bis dato war man ja, wie gesagt, von dem Vorverständnis ausgegangen, dass das Weltall ewig unveränderlich und statisch sei. Zunächst unterstellte man daher, dass diese zeitabhängige Lösung der Einstein'schen Feldgleichungen nicht richtig sein konnte! Selbst Einstein konnte den Schritt vom festgeprägten Vorverständnis der damaligen Zeit zur Akzeptanz der ungeheuerlichen Konsequenz seiner eigenen Theorie zunächst noch nicht mitvollziehen, sondern änderte seine Gleichungen so ab, dass der Raum gleichsam ruhig bzw. statisch gehalten wurde und diese Singularität in den möglichen Lösungen nicht mehr auftreten konnte. Allerdings wären solche Lösungen höchst instabil gewesen: Schon kleinste Störungen würden das System sofort »in Bewegung setzen« und wieder zu einer Expansion führen. Dieser Ansatz musste daher wieder verworfen werden.

Nun versuchte man es mit sogenannten *Steady-State-Lösungen* der Einstein'schen Feldgleichungen, bei denen sich das Weltall zwar kontinuierlich ausdehnt, aber keinen Anfang und kein Ende hat. Allerdings kommt man auch hier nicht an der spontanen Entstehung von Materie vorbei. Denn hier muss man unterstellen, dass die gesamte Materie zwar nicht in einem Anfangszeit- und Raumpunkt entstanden sei, sondern dass Materie ununterbrochen im gesamten Weltall spontan entstehen und nachgeliefert werden muss, da sonst die mittlere Materiedichte infolge der Expansion des Raumes im Vergleich zu den Beobachtungen zu schnell abnehmen würde. Dementsprechend musste in die Feldgleichungen eine zusätzliche Konstante eingefügt werden, die diese Materieentstehung beschreibt.

War die Erschaffung von Materie aus dem Nichts, die auf derart hartnäckige Weise immer wieder in den kosmologischen Modellen auftauchte, nicht doch ein Hinweis auf einen Schöpfer? Insbesondere sah ein Verfechter der *Steady-State-Theorie*, der britische Astronom Fred Hoyle, in dem Ansatz, bei dem alles aus einem Punkt heraus plötzlich entstanden ist und sich anschließend ausdehnt, einen unerträglichen Widerspruch zu seiner atheistischen Weltanschauung. Die Möglichkeit der plötzlichen, spontanen Entstehung von allem nannte der Atheist Fred Hoyle daher spöttisch *Big Bang* (»Urknall«) und wollte mit dieser Wortwahl das Bild eines expandierenden Universums, das scheinbar aus dem Nichts entsteht, unglaubwürdig erscheinen lassen. Ausgerechnet dieses Wort – aus einer atheistischen Weltanschauung heraus geprägt – bürgerte sich als Bezeichnung für das heute gültige kosmologische Modell ein.

Die Entscheidung dafür fiel später durch unanfechtbare astronomische Beobachtungen, wie unten noch gezeigt werden wird. Es gibt den Urknall! Einstein bezeichnete die Abänderung seiner Gleichungen später als die »größte Eselei seines Lebens«. In der Tat, denn auf diese Weise hatte er sich um den Ruhm gebracht, etwas so Ungeheuerliches wie den Urknall vorausgesagt zu haben, lange bevor er durch astronomische Messungen bestätigt wurde.

Diese Bestätigung bestand im Wesentlichen in der Entdeckung der Fluchtbewegung der Sterne und der Entdeckung des Energieblitzes im Moment des Urknalls bzw. was davon inzwischen übrig geblieben ist:

1929 publizierte Edwin Hubble den aus seinen astronomischen Beobachtungen hergeleiteten Befund, dass die Galaxien sich von der Erde wegbewegen, und zwar umso schneller, je weiter sie von uns entfernt sind – in Übereinstimmung mit den zeitabhängigen Lösungen der Einstein'schen Feldgleichungen!

1948 sagte der amerikanische Physiker und Kosmologe Ralph Alpher in seiner Dissertation aufgrund theoretischer Überlegungen voraus, dass es einen heute noch sichtbaren Überrest des Energieblitzes im Moment des Urknalls geben müsse. Sechzehn Jahre später wurde diese sogenannte Drei-Grad-Hintergrundstrahlung tatsächlich, wenn auch rein zufällig, gefunden. Beim Test einer neuen, empfindlichen Antenne, die für Experimente mit Satelliten gebaut worden war, entdeckten die Physiker Arno Penzias und Robert Woodrow Wilson eine seltsame Strahlung, die nicht irdischen Ursprungs war. Diese Strahlung entsprach genau den theoretischen Vorhersagen des Urknall-Modells! Man hatte den Urblitz gefunden!

DIE ENTSTEHUNG DES WELTALLS: HINWEIS AUF EINEN SCHÖPFER?

Während es vor dieser bahnbrechenden Entdeckung des Anfangs des Universums keinen Hinweis auf einen »Anfänger« zu geben schien, stellte sich nun die Frage nach der Existenz eines Urhebers erneut. Wider Erwarten folgerte man nun aber nicht, dass hier tatsächlich ein Hinweis auf die Existenz eines Schöpfers vorliege, sondern schloss auf einen Zufall als Ursache. Allerdings ist dies eine populärwissenschaftliche Folgerung – Physiker sind hier wesentlich vorsichtiger, wie noch gezeigt werden wird.

Bevor auf diese Folgerung eingegangen werden wird, zunächst einige Vorbemerkungen. Es ist wichtig zu wissen, dass es einen Beweis im naturwissenschaftlichen Sinne für oder gegen die Existenz eines Schöpfers nicht geben kann. Naturwissenschaftliche Beweise sind Bestätigungen von physikalischen Modellen durch Messungen, die mit theoretischen Vorhersagen der Modelle übereinstimmen. Vor ihrer Verifizierung bleiben naturwissenschaftliche Modelle Hypothesen. So müsste die »Hypothese« der Existenz eines Schöpfers durch Messungen – etwa von Druck, Temperatur, Strahlung usw. – verifiziert werden können, um in einem naturwissenschaftlichen Sinne bestätigt zu werden. Dass das nicht möglich ist, lässt sich anhand einer kleinen Überlegung leicht nachvollziehen: Offensichtlich ist es nicht möglich, durch eine Analyse eines Gemäldes den Maler zu finden. Hier würde man von einem Missverständnis hinsichtlich der Bedeutung des Malers sprechen. Er ist nicht mit den Methoden zu finden, die man zur Verfügung hat, um etwa die chemische Zusammensetzung der verwendeten Farben zu analysieren. In Bezug auf sein Werk ist der Künstler in diesem Sinne transzendent. Ebenso müsste es sich mit dem Schöpfer von allem verhalten. Mit den Mitteln, die uns zur Verfügung stehen, um die Schöpfung zu erforschen – unseren fünf Sinne und ihrer Erweiterung durch experimentelle Apparate – kann er nicht nachgewiesen werden. Die Naturwissenschaft ist schlichtweg nicht die Instanz, die den Beweis für die Existenz oder Nichtexistenz eines Urhebers erbringen kann, und das ist auch gar nicht ihr Ziel. Gleichwohl bleibt es uns natürlich unbenommen, die Naturwissenschaft nach Hinweisen auf die Existenz eines Schöpfers abzuklopfen, was ja auch das Thema dieses Kapitels ist.

Im Übrigen sei noch angemerkt, dass Unsichtbarkeit in der Naturwissenschaft längst nicht mehr als Beweis dafür angesehen werden kann, dass etwas nicht existiert, und dementsprechend ist es unter Berufung auf die Naturwissenschaft auch nicht mehr möglich, an der Existenz eines Schöpfers zu zweifeln, nur weil man ihn nicht sehen kann. Denn spätestens mit der Entdeckung elektromagnetischer Wellen Ende des vorletzten Jahrhunderts hatten die Physiker die Existenz von Entitäten akzeptiert, die unseren fünf Sinnen nicht direkt zugänglich sind. So wird der Leser, während er diese Zeilen liest, ununterbrochen umspült von Radiowellen,

Fernsehwellen und Strahlen aus der Tiefe des Kosmos, ohne das Geringste davon zu bemerken – wobei es sich in allen Fällen um elektromagnetische Strahlen handelt, nur jeweils mit unterschiedlichen Frequenzen.

Ist hiermit der häufig gehörte Einwand beseitigt, dass ein Schöpfer nicht existieren könne, weil man ihn nicht vermessen oder nicht sehen kann, so sei an dieser Stelle auch gleich einem weiteren, manchmal vorgebrachten Einwand begegnet: Man argumentiert, dass der Urknall gar nicht stattgefunden haben kann, weil damit der Energieerhaltungssatz verletzt worden wäre. Es könne nicht plötzlich einen Energie-Sprung von null auf das ungeheure Ausmaß geben, das den Kosmos fortan auseinandertreibt. Diese Argumentation beruht auf einem Missverständnis des Urknalls und verkennt seine Implikationen in Bezug auf den Begriff der Zeit, wie im Folgenden erläutert wird:

Dazu sei im Weiteren mit dem Ausdruck *im status nascendi des Universums* immer der erwähnte *status nascendi* gemeint, in dem Raum und Zeit und damit auch Energie und Materie im Sinne der Singularität des metrischen Tensors gerade noch keine Bedeutung hatten und erst noch entstehen sollten. Wie schon erwähnt, reicht der Gültigkeitsbereich der Physik, die die Natur mithilfe der Mathematik in Raum und Zeit beschreibt, nicht in diese Singularität hinein, da in ihr Raum und Zeit aus mathematischer Sicht nicht darstellbar sind. Es handelt sich daher genau genommen um einen metaphysischen Begriff.

In dem auf diese Weise definierten *status nascendi des Universums* gab es die Zeit also noch nicht. Insofern gab es auch keinen Zeitabschnitt mit null Energie vor den erst noch entstehenden Zeitabschnitten mit von null verschiedener Energie. Für die Feststellung eines unzulässigen zeitlichen Sprungs in der Energie fehlt schlicht der anfängliche Zeitabschnitt! Noch klarer wird es vielleicht, wenn man sich vergegenwärtigt, dass nicht nur Raum, Materie und Energie erst mit der allerersten Sekunde der gerade entstandenen Zeit ins Dasein gerufen wurden, sondern auch die physikalischen Gesetze, die die zeitlichen Beziehungen von Raum, Materie und Energie untereinander beschreiben. Im dem oben definierten *status nascendi des Universums* gab es diese Gesetze aber noch nicht, denn es fehlte ihnen sozusagen noch Raum, Zeit, Materie und Energie zu ihrer Formulierung. Es konnte diese Gesetze und mithin auch den Energieerhaltungssatz schlichtweg noch nicht geben. Dieser trat erst gemeinsam mit Energie, Raum und Zeit in Erscheinung. Solch ein Übergang vom Nichtsein ins Sein kann naturwissenschaftlich gar nicht formuliert werden. Dieser Vorgang fällt nicht in den Bereich der Physik, die lediglich Phänomene in einem Raum-Zeit-Kontinuum beschreiben kann, und daher kann der Energieerhaltungssatz hier auch nicht angewandt werden. Es handelt sich um eine Diskontinuität, um einen Sprung in Raum und Zeit, um einen Entstehungsakt aus vorher nicht Vorhandenem. In diesem Sprung hatte der Energieerhaltungssatz – wie alle anderen Naturgesetze auch – noch keine Gültigkeit. Seine Gültigkeit im Sinne der Physik setzte erst nach dieser Diskontinuität mit dem Beginn von Raum und Zeit ein.

In diesem Kontext wird nun auch deutlich, dass die Idee, alles sei aus Zufall entstanden, nicht haltbar ist. Dazu sei bemerkt, dass der Begriff »Zufall« in der Physik angewandt wird zur Beschreibung von aus unserer Sicht nicht deterministisch miteinander interagierenden Objekten oder nicht deterministisch ausgelösten oder ablaufenden Ereignissen, oder auch im Falle unserer Unkenntnis der Rand- und Anfangsbedingungen eines ansonsten deterministisch ablaufenden Vorganges. Es handelt sich um eine Charakterisierung physikalischer Phänomene bzw. unseres Verständnisses von ihnen und nicht um eine verursachende Wirkung solcher

Phänomene. »Der Zufall ist in den Naturwissenschaften Nicht-Gesetz; er markiert lediglich die Grenze der Berechenbarkeit und Vorhersagbarkeit durch Gesetze. Der Zufall bewirkt nichts; er ist nicht Ursache von etwas«, wie der Physiker Peter Hägele erläutert.[2] Der Zufall kann als Auslöser des Urknalls also nicht in Betracht kommen.

Noch deutlicher wird dies, wenn man sich vergegenwärtigt, dass die Existenz von Dingen oder Ereignissen in Raum und Zeit vorausgesetzt werden muss, damit der Begriff »Zufall« überhaupt einen Sinn hat. So macht der Begriff »zufällig« in einer Bemerkung zu meiner Frau: »Ich habe heute zufällig Herrn Meier auf der Straße getroffen«, nur Sinn, weil es zumindest zwei Bezugsobjekte gibt: meine Wenigkeit und Herrn Meier. Oder erläutert an einem Beispiel aus der Physik: Man kann nicht vorhersagen, welches Wassermolekül wann und wo mit welchem anderen Molekül in einem Glas Wasser zusammenstoßen wird. Das geschieht zufällig. Um das als »zufällig« konstatieren zu können, muss es aber solche Wassermoleküle geben. Bezogen auf das Nichts, definiert als Abwesenheit von Dingen, Ereignissen, Raum und Zeit hat der Begriff »Zufall« keine Bedeutung. Der *status nascendi des Universums* ist, wie oben definiert, aber gerade durch diese Abwesenheit charakterisiert. Es gab noch keine Zeit und keinen Zeitabschnitt, in dem der Begriff des Zufalls eine Bedeutung haben konnte. Anders betrachtet: Wann immer der Begriff »Zufall« ins Spiel kommt, muss er sich auf Energie und Materie beziehen, die bereits vorhanden sind, in einem bereits ins Dasein gerufenen Raum-Zeit-Kontinuum. Als Verursacher dieser Energie und Materie kommt der Zufall sozusagen zu spät. Er bezieht sich auf bereits Verursachtes.

Wie im Kapitel »Information und Wirklichkeit« genauer beschrieben, kann auch das sogenannte quantenmechanische *Vaku-*

umfeld, aus dem spontan Teilchen und Antiteilchen entstehen, nicht als zufallsbedingte Ursache des Weltalls dienen, wie manchmal behauptet wird, denn auch dieses Feld ist bereits ein Gebilde in Raum und Zeit.

An dieser Stelle sei auch solchen Christen die Sorge genommen, die befürchten, das Urknallmodell könne der Existenz eines Schöpfers widersprechen. Aus der oben beschriebenen Unkenntnis über den Begriff des Zufalls und der Bedeutung des Urknalls haben insbesondere Vertreter der Evolutionslehre die irrige Behauptung aufgestellt, der Urknall würde ihre These stützen, dass alles aus Zufall entstanden sei. Diese irrige Annahme, die Vereinnahmung des Zufalls und seines falschen Bezugs zur Urknalltheorie durch die Evolutionslehre hat leider dazu geführt, dass manche Christen den Urknall pauschal ablehnen, um nicht als Steigbügelhalter der Evolutionslehre zu gelten, obwohl er eigentlich ein geradezu atemberaubender Hinweis auf die Existenz dessen ist, der diesen gewaltigen Schöpfungsakt aus dem Nichts ausgelöst haben muss.

Dieser Hinweis geht sogar tiefer, als Christen meist ahnen: Sind doch drei Grundaussagen der modernen Kosmologie bereits vor vielen Jahrtausenden in der Bibel beschrieben worden:

a) es gibt einen Anfang,
b) alles ist aus noch nicht Vorhandenem, aus dem Nichts, entstanden
c) und dehnt sich seitdem ständig aus.

So besagt der erste Satz der Bibel, wie bereits erwähnt, dass es einen Anfang gegeben hat.

Ferner heißt es in der Bibel, etwa im sogenannten Brief an die Hebräer im elften Kapitel im dritten Vers: »Durch den Glauben erkennen wir, dass die Welt durch Gottes Wort geschaffen ist, dass alles, was man sieht, aus nichts geworden ist« – ein Satz, der in der Zeit vor Einstein von Naturwissenschaftlern noch belächelt wurde, denn aus nichts entstehe angeblich nichts. Das ist innerhalb des Gültigkeitsbereiches der Physik zwar richtig, aber wie bereits erläutert, handelt es sich beim Urknall tatsächlich um eine Diskontinuität, die nicht im Rahmen der Physik beschrieben werden kann, um einen Sprung in Raum, Zeit, Materie und Energie aus vorher nicht Vorhandenem und mithin um einen Entstehungsakt aus dem Nichts. Der Genauigkeit halber sei hier noch angefügt, dass andere Bibelübersetzungen statt von dem »Nichts« von einem für unsere Sinne nicht zugänglichem Bereich sprechen. In der Tat ist das eine bereits recht präzise Bestätigung dessen, dass die Physik hier nicht anwendbar ist, denn deren Erkenntnisse beruhen letztlich alle auf Beobachtungen – durch direkte Sinneseindrücke oder durch solche, die über den Umweg messtechnischer Apparate gewonnen werden können. In diesem Sinne ist der Begriff »Nichts« naturwissenschaftlich zu verstehen: es gibt hier nichts, was mit den Methoden der Physik als existent nachweisbar wäre.

Und schließlich handelt es sich immer, wenn in der Bibel von der Erschaffung des Weltalls gesprochen wird, um einen andauernden, expansiven Vorgang. In der Sprache der Bibel liest sich das zum Beispiel im Buch des Propheten Jesaja im 22. Vers des 40. Kapitels so: »Er (Gott) spannt den Himmel aus wie einen Schleier und breitet ihn aus wie ein Zelt«, und ähnliche Aussagen gibt es an vielen anderen Stellen im Alten Testament.

So gesehen gilt die bereits erwähnte Behauptung, dass nicht die moderne Physik die Bibel bestätigt, sondern dass die Bibel der modernen Physik möglicherweise bescheinigt, heute auf dem richtigen Weg zu sein! Hätte Einstein dem heiligen Buch seines Volkes mehr Aufmerksamkeit geschenkt, dann wäre ihm die genannte »größte Eselei seines Lebens« vielleicht nicht passiert.

In seinem Buch *Kosmos ohne Gott? Warum Glaube und Wissenschaft zusammengehören* schreibt der bekannte Mathematiker und Apologet Prof. John Lennox auch dementsprechend: »Angenommen, die Wissenschaftler hätten die biblische Behauptung, es habe einen Anfang gegeben, als Hypothese angenommen und nach Möglichkeiten gesucht, sie zu überprüfen, dann wären wir vielleicht schon viel früher dort angelangt, wo wir jetzt sind.«[3] Und er zitiert den Physiker Arno Penzias, der für seine Entdeckung der Hintergrundstrahlung den Nobelpreis bekam, mit diesen Worten: »Die besten Daten, die wir über den Urknall haben, entsprechen genau dem, was ich vorausgesagt hätte, wenn ich mich nur auf die 5 Bücher Mose, die Psalmen und die Bibel als Ganzes hätte stützen können.«[4] Das ist es: Die Bibel bestätigt die Physik!

Weiter schreibt Lennox: »Der Nachweis einer Raum-Zeit-Singularität [die mathematische Bedeutung des Urknalls] in Form der Entdeckung der Mikrowellenhintergrundstrahlung bestätigt jedoch, was die biblische Darstellung [in 1. Mose 1,1] impliziert. Die Wissenschaft selbst hat gezeigt, dass die [biblische] Schöpfungshypothese überprüfbar ist«[5] (Anmerkungen in Klammern von mir zur Erläuterung der Begriffe im Kontext des gesamten Textes).

Übrigens gibt es einen zweiten Einwand, der von Vertretern der Evolutionslehre gegen die Existenz eines Schöpfers angeführt wird. Der Urknall besage ja, dass alles aus dem Nichts entstanden sei. Das Nichts enthalte aber nichts, also auch keinen Gott. Somit beweise der Urknall, dass es keinen Gott gäbe. Dem würde kein Physiker zustimmen. Denn, wie gesagt, meinen Physiker nicht dieses Nichts, in dem nichts existiert, sondern einen Bereich, der für die Physik nicht zugänglich ist. Die Physik kann keine Aussagen über die Eigenschaften dieses Bereiches machen. Dieser Einwand trägt daher auch nicht. Er beruht ebenfalls auf einem Missverständnis der Physik.

Dass es sich beim Urknall in der Tat um einen Hinweis auf die Existenz eines Auslösers, eines Verursachers, einer Causa oder eines Schöpfers handelt, sieht man ausgerechnet an der bereits beschriebenen Reaktion von Physikern bestätigt. Sie wissen, dass hier tatsächlich ein ernst zu nehmender Hinweis auf einen Urheber vorliegt, und zwar in einer solchen Klarheit, dass sie versucht haben und weiterhin versuchen, kosmologische Modelle ohne Urknall zu entwickeln. Diese Bemühungen entsprechen einerseits dem grundsätzlichen Vorgehen in der Physik, die Natur naturalistisch, das heißt innerweltlich zu beschreiben, ohne Hinzunahme von Einflüssen außerhalb der Natur. Anderseits beruhen sie bei einigen Physikern auch auf einer atheistischen Grundhaltung. Die vergeblichen Bemühungen des Atheisten Fred Hoyle in dieser Richtung wurden schon erwähnt, und auch heute noch gehen solche Bemühungen weiter, allerdings alle bislang ohne Erfolg.

Beispielhaft kann man hier die gedankliche Entwicklung des berühmten Physikers Stephen Hawking anführen. In einem seiner früheren Bücher schrieb er:

> »Wir wiesen nach, dass jedes vernünftige Modell des Universums mit einer Singularität beginnen muss, wenn die Allgemeine Relativitätstheorie richtig ist. In diesem Falle könnte die Wissenschaft die Aussage machen, dass das Universum einen Anfang gehabt haben muss, sie könnte aber nicht vorhersagen, wie dieser Anfang ausgesehen hätte. Dazu müsste man den lieben Gott herbeibemühen.«[6]

Auch wenn diese Aussage einen gewissen ironischen Unterton haben mag – hier werden die Grenzen der Physik konstatiert, aber eine direkte Ablehnung der Existenz eines Schöpfers hinter diesen Grenzen ist hier noch nicht herauszulesen. Das änderte sich in einem späteren und vermutlich seinem letzten Buch, in dem Hawking zu folgendem Ergebnis kam:

> »Da es ein Gesetz wie die Gravitation gibt, kann und wird sich das Universum (…) aus dem Nichts erzeugen. Spontane Erzeugung ist der Grund, warum etwas ist und nicht einfach nichts, warum es das Universum gibt, warum es uns gibt. Es ist nicht nötig, Gott als den ersten Beweger zu bemühen, der das Licht entzündet und das Universum in Gang gesetzt hat.«[7]

Diese Aussage, immerhin das Ergebnis eines langen und intensiven gedanklichen Prozesses, führte zu höchstem Erstaunen bei seinen Kollegen. Denn die Folgerung, dass ein Schöpfer nicht nötig sei, fällt mit der Frage sofort in sich zusammen, woher denn dann die Naturgesetze wie die Gravitation kommen. Hawking sah in einem Naturgesetz die Ursache für das spontane Entstehen des Universums aus sich selbst heraus, ohne wiederum nach der Ursache der Naturgesetze zu fragen – sonst wäre er nicht zu dem Schluss gelangt, dass Gott überflüssig wäre.

Die Frage nach dem Verursacher der Naturgesetze führt übrigens zu einer weiteren interessanten Betrachtung: Nach allem, was wir wissen, sind diese Gesetze zusammen mit dem Universum im Urknall erst entstanden und haben sich seitdem nicht mehr verändert. Wie bereits erläutert, kommt der Zufall als Ursache für die Entstehung des Universums nicht infrage und damit auch nicht für die Existenz der mit ihm entstandenen Naturgesetze. Eine spontane Entstehung im Sinne von Hawking scheidet aus, weil die Entstehung von Naturgesetzen ja nicht mit ihrer Existenz vor ihrer Entstehung begründet werden kann, was ein Zirkelschluss wäre. Einen Hinweis darauf, was der tatsächliche Ursprung der Naturgesetze sein könnte, liefert dagegen die Feststellung, dass sie ihrer Natur nach Information darstellen, und zwar grundsätzliche Information über die Beziehung der physikalischen Größen untereinander. Aus der zwischenmenschlichen Kommunikation wissen wir, dass Erzeugung und Wahrnehmung von Information Intelligenz und Bewusstsein voraussetzen, und dementsprechend liegt der Gedanke eigentlich viel näher, dass es sich um eine bewusste Intelligenz handelt, die diese Information erzeugt hat. Ist die Existenz von Naturgesetzen ein Hinweis auf einen Schöpfer? Diese Frage wird in dem Kapitel *Information und Wirklichkeit* wieder aufgegriffen werden.

In diesem Zusammenhang sei nur noch kurz auf das sogenannte *Lückenbüßer-Argument* eingegangen, dem zufolge Gott immer für solche Phänomene als Erklärung bemüht werde, für die man noch keine anderweitigen Erklärungen gefunden hat. So sah man früher beispielsweise im Donner das Reden Gottes. Heute weiß man, dass das Donnern durch elektrische Entladungen in Form von Blitzen hervorgerufen wird. Man kennt jetzt die Naturgesetze, nach denen sich dieses Phänomen abspielt, und in dem Maße, in dem wir immer mehr Naturgesetze entdecken, meint man, dass sich die Rolle eines Gottes als Lückenbüßer für unser noch mangelndes Wissen immer mehr erübrigt – bis hin zur Folgerung, dass es Gott nicht gibt. Der Fehlschluss in dieser Argumentation liegt auf der Hand: Die Naturgesetze gab es schon lange, bevor es Physiker gab, die sie entdeckten. Dass die Physiker sie in mühsamer Kleinarbeit enträtselten, lässt natürlich keinesfalls den Schluss auf die Nichtexistenz eines Verursachers dieser Gesetze zu. Das wäre so, als ob ein von der Zivilisation noch unberührter Urwaldmensch eine Uhr finden würde, sie auseinandergenommen und ihre Funktionsweise verstanden hätte und aus diesem Verstehen schließen würde, dass niemand diese Uhr produziert hätte. Hinzu kommt, wie im Kapitel

Information und Wirklichkeit noch erläutert werden wird, dass beispielsweise für das oben angeführte Beispiel des Blitzes die darunter liegenden quantenmechanischen Phänomene zwar entdeckt sind, aber für die Physiker immer neue Rätsel mit sich bringen. Gleiches gilt natürlich auch für alle anderen Naturphänomene.

Nicht die Rolle Gottes als Lückenbüßer für unser Unwissen wird geringer, sondern Lücken in unserem Wissen über die Schöpfung Gottes werden geschlossen – wobei es aber den Anschein hat, dass sich mit jeder Schließung einer Lücke neue Rätsel und entsprechend weitere Lücken in unserem Wissen auftun.

STERNE UND GALAXIEN

Nach der heute akzeptierten Theorie war die sogenannte *Nukleosynthese*, die Bildung der ersten Typen von Atomkernen, etwa fünf Minuten nach dem Urknall abgeschlossen. In diesen ersten Minuten gab es diese Kerne nur als Wasserstoffkerne, sogenannte Protonen, und als Heliumkerne – etwa im Verhältnis von 3 zu 1. Alle anderen Atomkerne hatten in dieser Ursprungsphase wegen der ungeheuren Energiedichte keinen Bestand und wurden erst sehr viel später als Ergebnis von Kernfusionsprozessen im Inneren von Sternen gebildet.

In diesem Stadium waren die Temperaturen noch so hoch, dass diese Atomkerne keine Verbindung mit den umherschwirrenden Elektronen eingehen und Atome bilden konnten. Dieses sogenannte Plasma aus Atomkernen und ungebundenen Elektronen war für Licht nahezu undurchdringlich. Sehr salopp ausgedrückt: Licht kam in dieser Suppe nicht weit. Das bedeutet, dass aus diesem jungen Weltall kein Licht zu uns dringen konnte und wir infolgedessen leider nicht zurückverfolgen können, wie es ganz am Anfang in unserem Weltall aussah.

Man hat berechnet, dass erst etwa 380 000 Jahre nach dem Urknall die Temperatur des expandierenden Weltalls so weit abgeklungen war, dass die vagabundierenden Elektronen von den Atomkernen eingefangen werden konnten und das nun entstandene Gas aus Atomen für Licht transparent wurde. Unser Blick ins Weltall reicht also nur bis zu diesem Zeitpunkt zurück – was davor war, bleibt unserer Neugierde für immer verborgen. Die früher genannte Drei-Grad-Hintergrundstrahlung, das »Nachglühen« dieser ersten heißen Phase des Universums, stammt von diesem Moment, als das Plasma erstmalig den Blick auf das ungeheure anfängliche Inferno freigab.

Es sei noch erwähnt, dass das Verhältnis von 3 zu 1 von Wasserstoff- zu Heliumkernen, das für die erste undurchsichtige Phase nur berechnet, aber nicht gemessen werden kann, dann doch eine erstaunliche empirische Bestätigung fand: Man entdeckte das gleiche Verhältnis in den Sternen, die sich ganz am Anfang, direkt nach dieser Phase gebildet hatten.

Dass man überhaupt in diese frühen Zeiten des Universums zurückschauen kann, hängt mit den riesigen Entfernungen im Weltall zusammen. In dem expandierenden Weltall musste Licht, das von der ersten heißen kosmischen Phase und den ersten Sternen ausgesendet wurde, derart riesige Entfernungen zurücklegen, dass es uns trotz seiner gewaltigen Ausbreitungsgeschwindigkeit von 300 000 Kilometern in der Sekunde erst heute erreicht. Was wir heute auf der Erde im Weltall sehen, stammt von zum Teil unvorstellbar weit zurückliegenden Ereignissen.

Sterne

Mit seiner *Allgemeinen Relativitätstheorie* lieferte Einstein den Physikern die theoretische Grundlage für das Verständnis des vorher Undenkbaren, der Erschaffung des Weltalls aus vorher nicht Vorhandenem. Mit seiner *Speziellen Relativitätstheorie* aber enträtselte er darüber hinaus auch das Geheimnis der Sternenentstehung und ihrer ungeheuren Energieentfaltung. Durch sie wissen wir, was Sterne sind. Sie entstehen unter der Wirkung von zwei gewaltigen Urkräften:

Zunächst kommt es durch kleine Störungen in der Verteilung der kosmischen Gaswolken unter der Wirkung der Gravitation zur Klumpenbildung. Je größer solch ein Klumpen wird, desto stärker ist sein Gravitationsfeld und desto mehr Gas kontrahiert er, was wiederum den Klumpen und damit seine Gravitationskraft anwachsen lässt, wodurch wieder mehr Gas angezogen wird und so weiter in einem sich selbst verstärkenden Prozess. Dies geht so lange, bis der Klumpen unter der anwachsenden Kraft seiner eigenen Gravitation immer mehr zusammengedrückt und dadurch immer heißer und dichter wird, bis schließlich eine zweite kosmische Urkraft ins Spiel kommt, die Kernkraft, und das Ganze als Atombombe zündet. Sterne sind kontinuierlich feuernde Wasserstoffbomben! In ihnen wird ununterbrochen Wasserstoff in reine Energie verwandelt. Das war das Unerhörte, was Einstein mit der *Speziellen Relativitätstheorie* entdeckt hatte: Materie kann in reine Energie zerstrahlt werden, nach seiner berühmten Formel $E = M x C^2$. Die bei der Umwandlung von Materie der Masse M frei werdende Energie E ist gleich dieser Masse multipliziert mit dem Quadrat der Lichtgeschwindigkeit C.

Für wissenschaftlich Interessierte sei hier eine kleine Plausibilitätsbetrachtung zum Verständnis dieser revolutionären Entdeckung angefügt. Wie im vorigen Kapitel erläutert, gelang dieser Geniestreich wieder durch einen mutigen Schritt weg von Vorurteilen und hin zu der unbestechlichen Wahrheit dessen, was uns die Natur vorgibt. Ausgangspunkt war die empirisch bestens bestätigte Erkenntnis, dass es keine größere Geschwindigkeit als die Lichtgeschwindigkeit gibt. Ähnlich wie im Falle der im vorigen Kapitel erwähnten Gleichheit von schwerer und träger Masse führte auch dieser Umstand erst durch Einstein zu folgender bahnbrechenden Erkenntnis: Man kann Energie in Materie umwandeln und umgekehrt Materie wieder in Energie. Wenn man nämlich einen Körper auf immer höhere Geschwindigkeiten beschleunigen würde, so würde er sich der beschleunigenden Energie allmählich immer mehr widersetzen, sodass die Grenze der Lichtgeschwindigkeit niemals überschritten werden kann. Der Mechanismus dieses Widerstandes kann nur darin bestehen, dass seine träge Masse immer größer wird, damit es dadurch immer schwieriger wird, ihn noch weiter zu beschleunigen. Aber woher kommt diese zusätzliche Masse? Das Einzige, was »zusätzlich« vorhanden ist, ist die Energie, die ihn beschleunigen will.

Salopp gedacht: Die Energie muss sich in seine träge Masse verwandelt haben! Im Umkehrschluss lässt sich diese Masse auch wieder in Energie verwandeln. Wie gesagt, diese Herleitung ist lediglich eine sehr grobe Plausibilitätsbetrachtung und entspricht nicht der eigentlichen mathematischen Herleitung, aber sie liefert einen ersten Einblick in die Zusammenhänge.

Um was für eine gewaltige Energieentfaltung es sich hierbei handelt, sei an einem weniger erfreulichen Beispiel demonstriert. Wir sind ja leider (!) in der Lage, auf der Erde ebenfalls Wasserstoffbomben herzustellen. In der größten Wasserstoffbombe, die die Amerikaner jemals gezündet haben, werden im Bruchteil einer Millisekunde ca. 700 Gramm Materie in reine Energie verwandelt. Und das produziert sage und schreibe die Sprengkraft von 15 Millionen Tonnen Dynamit! Eine Stange Dynamit liefert schon eine heftige Explosion. Eine Tonne davon muss ungeheuerlich sein. Aber 15 Tonnen! Die Russen bauten übrigens später eine Wasserstoffbombe, die viermal so stark war.

Wie sieht es nun auf den Sternen, diesen kosmischen Wasserstoffbomben aus? Nimmt man einmal die uns am nächsten gelegene Wasserstoffbombe, die Sonne, die wir in einem respektvollen Abstand von 150 Millionen Kilometern umkreisen, dann geht es nicht um nur 700 Gramm Materie, die in Bruchteilen von Millisekunden zerstrahlt werden, sondern um vier Millionen Tonnen! Und das liefert eine Energie, die der Explosion von sechs Milliarden dieser amerikanischen Wasserstoffbomben entspricht. Und das geschieht – in jeder Sekunde!

In dieser Sekunde sind gerade vier Millionen Tonnen Wasserstoff auf der Sonne für immer verschwunden. Jetzt sind es schon acht Millionen Tonnen, nun zwölf, und so weiter Tag und Nacht, durch die Jahre und Jahrtausende. Man hat berechnet, dass es noch genügend Wasserstoff für die nächsten vier Milliarden Jahre gibt! Was für ein ungeheuerliches Phänomen am Himmel, dem wir übrigens die Energie für jede einzelne unserer Bewegung verdanken! Jede Armbewegung, jeder Schritt, jeder Atemzug, jeder Herzschlag bezieht seine Energie aus den Tiefen dieses Giganten namens Sonne. Für den heute lebenden Menschen wurde diese Energie vor etwa 100 000 Jahren erzeugt. Damals wurde Wasserstoff in diesem Prozess der Umwandlung von Materie in Energie in einen gewaltigen Strom von Lichtquanten zerstrahlt, die heute unsere Lebensgrundlage bilden. In ständigen Kollisionen mit den Wasserstoffatomen des Sonnenplasmas kämpften sich diese Photonen durch die Jahrtausende zur Oberfläche der Sonne hoch und beamten sich dann in etwa neun Minuten auf die Erde, wo ihre Energie von Pflanzen aufgenommen, durch den Prozess der Fotosynthese in Kohlenwasserstoffverbindungen gespeichert und dann entweder direkt als Gemüse oder Obst oder über den Zwischenschritt grasfressender Tiere als deren gebratene Körperteile unserem Körper zugeführt wird!

An dieser Stelle könnte man einmal kurz innehalten und sich wieder fragen, ob das alles naturalistisch erklärt werden kann. Kann eine so elegante Formel wie $E = M \times C^2$ aus sich selbst entstanden sein? Kann die Entstehung dieser unglaublich komplexen Prozesse der Speicherung der Sonnenenergie durch Fotosynthese in den Pflanzen und die anschließende Herauslösung dieser Energie durch kontrollierte Verbrennungsprozesse in menschlichen oder tierischen Körpern durch evolutionäre Prozesse erklärt werden? Oder gilt angesichts dieser neuen Erkenntnisse die schon erwähnte Aussage des antiken Predigers Paulus nicht heute erst recht: dass Gottes unsichtbares Wesen, sowohl seine ewige Kraft als auch seine Göttlichkeit, seit Erschaffung der Welt in dem Gemachten wahrgenommen und geschaut wird?

Aber wir beziehen nicht nur unsere Energie aus einem Stern: Wir bestehen buchstäblich aus Sternenstaub. Jedes Gramm unseres Körpers entstammt dem Inneren eines dieser atomaren Urfeuer! Wie weiter oben beschrieben, bestand die Materie des frühen Universums im Wesentlichen zunächst nur aus Wasserstoff und Helium. Unser Körper besteht aber aus noch ganz anderen Atomen, wie zum Beispiel Kalzium in den Knochen und Eisen in den Blutkörperchen. Wo kommen die her?

Sie wurden in zwei gigantischen Prozessen erbrütet: in der sogenannten *stellaren Nukleosynthese* während der Lebenszeit eines Sternes und im Moment des Todeskampfes sterbender Sterne. Abgesehen von der beschriebenen Umwandlung von Wasserstoff in Energie entstehen durch die nuklearen Prozesse im Inneren eines noch »lebenden« Sternes nämlich auch andere Atomarten, wie zum Beispiel Sauerstoff oder Eisen. Allerdings längst nicht alle: Atome wie das Kalzium in unseren Knochen oder das Natrium im Salz unseres Blutes sowie die meisten anderen Elemente verdanken wir dem Tod von Sternen!

Der Tod von Sternen naht, wenn ihr Wasserstoff und damit die ungeheure Energieentfaltung zur Neige geht, die dem Gravitationsdruck die Waage hält. Ist der Wasserstoff aufgebraucht, kollabiert der Stern unter seiner eigenen Schwerkraft. Bei Sternen mit mehr als acht Sonnenmassen heizt sich die verbleibende Materie dabei derart auf, dass es im gesamten Sternvolumen schlagartig zu neuen Kernreaktionen kommt: Der Stern explodiert und schleudert oft mehr als die Hälfte seiner gesamten Masse in den interstellaren Raum. Dabei leuchtet der sterbende Stern noch einmal für eine kurze Zeit auf – so hell wie 100 Milliarden Sterne, wie eine ganze Galaxie! Ein ungeheures Schauspiel, eine sogenannte *Supernova*! 1572 beschrieb der schon erwähnte dänische Astronom Tycho Brahe solch ein Phänomen, das sogar am helllichten Tag mit bloßem Auge zu sehen war. Seit Beginn unserer Zeitrechnung sind dreizehn solcher *Supernovae* beobachtet worden, die letzte 2014. Damals ging an alle Hobby-Astronomen die Meldung: »Wer noch nie einen explodierenden Stern mit eigenen Augen gesehen hat, sollte dieser Tage mit einem Teleskop an den Himmel blicken, denn in der Galaxie Messier 82 im Sternbild Großer Bär lässt sich jetzt ein solches Ereignis beobachten.«[8] Es war zufällig von britischen Astronomie-Studenten entdeckt worden. Das Ereignis war sogar mit Feldstechern zu sehen, weil es in kosmischen Dimensionen betrachtet relativ nah bei uns stattfand – in »nur« rund zwölf Millionen Lichtjahren Entfernung. (Dabei ist *ein Lichtjahr* die Bezeichnung für die Entfernung, die Licht bei seiner Ausbreitungsgeschwindigkeit von 300 000 Kilometern in der Sekunde in einem Jahr zurücklegt). Ein vergleichbares Ereignis gab es das letzte Mal 1987, als in der Großen Magellanschen Wolke die Sternenexplosion 1987A in unserer direkten Umgebung entdeckt wurde. Sie war allerdings deutlich näher: etwa 168 000 Lichtjahre!

Entscheidend dafür, dass wir heute hier sind und dieses Buch lesen können, ist also, dass die in diesem letzten Aufbäumen sterbender Sterne in den interstellaren Raum geschleuderten riesigen Gaswolken die Elemente enthielten, aus denen unsere Körper bestehen! Denn diese Gaswolken bildeten das Ausgangsmaterial für die nächste Verklumpung und Bildung neuer Sterne und Planeten. Aus der Asche gestorbener Sterne entstanden wieder neue Sterne! Unsere Sonne ist auch solch ein »sekundärer« Stern, der mitsamt seinen Planeten auf diese Weise sämtliche der für uns Menschen lebensnotwendigen Atome bzw. Elemente bereitstellen konnte! Man werfe einmal einen Blick auf die eigene Hand: Ihr Material stammt aus einer Explosion unvorstellbaren Ausmaßes in den Tiefen des Weltalls!

Was wird hier gespielt? Woher kommt das? Und wozu? Sind diese Fragen, die bei dieser Betrachtung unwillkürlich in uns aufsteigen können, vielleicht ein ganz subtiler, aber doch auch unüberhörbarer Hinweis darauf, dass es hier ein Woher und Wozu geben müsse?

Galaxien

Diese Frage stellt sich umso dringlicher, als es von den Sternen, diesen kosmischen atomaren Giganten mit ihren ungeheuren, dynamischen Lebenszyklen, etwa 100 bis 200 Milliarden Exemplare im Weltall gibt! Kunstvoll angeordnet in einer flachen Scheibe, einer sogenannten Galaxie, zerstrahlt jeder dieser Sterne – die Sonne gehört zu den kleineren Sternen – mindestens vier Millionen Tonnen Wasserstoff in jeder Sekunde und produziert eine Energie unermesslichen Ausmaßes. Eine gigantische Sinfonie, wenn man sie hören könnte!

Und in der Mitte dieser Galaxie befindet sich ein wahres Monster: ein schwarzes Loch. Es enthält eine so riesige Ansammlung erloschener Sterne, dass deren Masse die sie umgebende Geometrie nach der beschriebenen *Allgemeinen Relativitätstheorie* Einsteins derart verkrümmt, dass kein Licht mehr entweichen kann. Das Monster ist daher unsichtbar. Und doch ist es hochaktiv und reißt infolge seiner gewaltigen Anziehungskraft immer mehr Sterne in seinen Schlund.

Wir befinden uns mitsamt der Sonne und den anderen Planeten auch in einer Galaxie, aber glücklicherweise in einem gebührenden Abstand von 25 000 Lichtjahren von diesem unheimlichen Zentrum. Da wir seitlich in diese Galaxie hineinschauen, verschwimmt der Anblick dieser unendlich vielen, aus dieser Perspektive hintereinander liegenden Sterne zu einem milchigen Band. Das ist die Milchstraße. Die Milchstraße ist der Querschnitt unserer Heimatgalaxie!

Lange Zeit dachte man, dass unsere Galaxie die Einzige wäre. Erst etwa ab 1925 dämmerte es den Astronomen, dass es noch mehrere davon im Weltall geben müsste. Aber was es damit wirklich auf sich hat, entdeckte man erst, seit es das *Hubble Space Telescope* gibt. Bei diesem nach dem Astronomen Edwin Hubble benannten, von der NASA und der ESA gemeinsam entwickelten Weltraumteleskop handelt es sich bekanntlich um ein Fernrohr, das mit dem *Space Shuttle* in eine Umlaufbahn um die Erde in ca. 600 Kilometer Höhe gebracht wurde. Ungehindert von der Atmosphäre kann man mit diesem Teleskop tiefer ins Weltall blicken als jemals in der Geschichte der Menschheit.

Im September 2003 entschied man sich, das Teleskop auf einen winzigen Ausschnitt im Weltall auszurichten und seine Digital-Kameras insgesamt rund zehn Tage lang belichten zu lassen. Auf diese Weise konnten auch schwächste Lichtquellen erfasst werden.

Was dann zu sehen war, verschlug den Kosmologen schier den Atem. Man erkannte etwa 10 000 Galaxien und andere große kosmische Objekte. Sofort wiederholte man diese Beobachtungen in anderen Himmelsrichtungen und fand immer wieder das gleiche Bild. Es gab keinen Zweifel: Hochgerechnet auf das ganze Weltall bedeutete dies, dass etwa noch 100 Milliarden weitere Galaxien den Kosmos bevölkern! Somit gibt es im Weltall etwa 100 Milliarden mal 100 Milliarden dieser kosmischen Urfeuer!

Es ist unmöglich, sich eine Vorstellung von dieser Anzahl Sterne zu machen, und doch soll hier der Versuch unternommen werden, wenigstens einen ungefähren Eindruck zu vermitteln, wohl wissend, dass die zugehörige Berechnung nur eine sehr grobe Schätzung sein kann: Man denke sich einen Strand aus feinem Sand, mit zwei Metern Tiefe bis zu einem felsigen Untergrund, 50 Meter breit und 50 000 Kilometer lang. Die Anzahl Sandkörner dieses Strandes entspricht in etwa der Anzahl der atomaren Giganten im Weltall!

Kann es wirklich sein, dass die unermessliche Menge an urzeitlicher Materie, aus denen diese Sterne bestehen, mit dem Urknall einfach spontan, ohne einen Verursacher, entstanden ist? Wie erwähnt, ist für Stephen Hawking das Gravitationsgesetz die Ursache. Aber da er die Frage nicht beantwortete, woher dieses Gesetz kommt, ist hier noch nichts über die letzte Ursache gesagt. Gibt es doch einen Verursacher?

Es fällt schwer, das Universum nach diesen Erkenntnissen der modernen Kosmologie nur als das Produkt eines blinden Zufalls und nicht als ein Kunstwerk einer unermesslichen Intelligenz zu verstehen. Und inzwischen hat sich herausgestellt, dass man dieser Intelligenz noch nicht einmal annähernd auf die Spur gekommen ist. Denn bezogen auf die sichtbaren Massen der Galaxien rotieren diese zu schnell um ihren Mittelpunkt. Infolge der Zentrifugalkraft müssten die Sterne viel weiter vom Zentrum entfernt sein, als man es beobachtet. Die einzige bisherige Deutung dieser Unstimmigkeit ist, dass es innerhalb der Galaxien noch mehr Materie gibt, als man entdecken konnte, welche die Sterne durch ihre Gravitationskraft enger am Zentrum hält. Bis heute weiß man nicht, worum es sich bei dieser sogenannten *dunklen Materie* handelt.

Zusätzlich hat man erst vor Kurzem entdeckt, dass entfernte Galaxien sich beschleunigt von uns fortbewegen. Erwartet hätte man, dass sich deren Bewegung aufgrund der Gravitation, mit der sich alle Galaxien gegenseitig anziehen, allmählich verlangsamen würde. So vermutet man jetzt, dass es neben dem anfänglichen Energieblitz, der das Universum auseinandertrieb, noch eine weitere Energie gibt, die dem nachlassenden Schwung der Expansion des Kosmos entgegenwirkt. Auch hier weiß man bis heute nicht, worum es sich bei dieser *dunklen Energie* handelt.

Hier wird wieder einmal deutlich: Physiker können das Naturgeschehen nicht »erklären«. Sie können es nur beschreiben. Sie entdecken Gesetze, die lange vor ihnen schon existierten, und können nur staunend zur Kenntnis nehmen, dass sie existieren. Warum diese Gesetze so sind, wie sie sind, und nicht anders, können die Physiker nicht erklären. Sie protokollieren nur das nach wie vor rätselhaft bleibende Geschehen, entdecken seine Gesetzmäßigkeiten und notieren diese als physikalische Modelle in der Sprache der Mathematik. Dass diese Modelle auch Phänomene vorhersagen können, die man bislang noch nicht beobachtet hat, verleiht der Physik aus der Sicht eines Laien zwar den Nimbus, alles erklären zu können, in Wirklichkeit handelt es sich aber nur um Verallgemeinerungen von Vorgefundenem, nicht um ein wirkliches Ergründen dessen, »was die Welt im Innersten zusammenhält«, wie Goethe seinen Faust sagen lässt. So vermutete etwa Newton, wie schon erwähnt, dass das Gravitationsgesetz nicht nur auf der Erde gilt und etwa nur den Fall eines Apfels vom Baum bestimmt, sondern universelle Gültigkeit besitzt – also auch zum Beispiel für die Bahn der Planeten um die Sonne. Diese Vermutung stimmte, wie er nachrechnen konnte! Damit hatte er aber keine Erklärung dieser Bahnen gefunden, sondern für die rätselhafte Gesetzmäßigkeit der Schwerkraft nur ihre ebenso rätselhafte Universalität entdeckt!

PLANET ERDE

Im Zusammenhang mit der eingangs erwähnten Frage, wieso man als Physiker Christ sein kann, wo es doch im Christsein darum geht, dass man auch an Dinge glauben muss, die den naturwissenschaftlichen Erkenntnissen widersprechen, wird häufig auf den sogenannten Schöpfungsbericht gleich am Anfang der Bibel verwiesen. Dieser könne ja nicht stimmen, denn beispielsweise wissen wir heute, dass die Erde erst in Milliarden von Jahren zu dem geworden ist, was sie heute ist. Die Bibel spricht dagegen von nur »sechs Tagen«. Nimmt man die Bibel wörtlich, gab es schon Licht, bevor überhaupt die Sonne erschaffen wurde. Diese vermeintlichen Diskrepanzen existieren in der Tat, sofern man die sogenannte *Klassische Physik* zugrunde legt. Diese ging aber mit dem in den vorigen Kapiteln beschriebenen gewaltigen Umbruch zu Ende. Nunmehr gilt etwas völlig anderes: Die moderne Physik und Kosmologie mutierten tatsächlich weitgehend zu einer Bestätigung der biblischen Aussagen und damit zu einer Untermauerung der Glaubwürdigkeit der Bibel.

Bevor näher auf diesen auch heute noch meist unbekannten Umstand eingegangen wird, sei noch darauf hingewiesen, dass es auch andere Deutungen der biblischen Schöpfungsgeschichte gibt, die sich dem Thema meist mehr aus einer theologischen Sicht nähern. Ohne diese infrage stellen zu wollen, soll es im Folgenden ausschließlich um eine Betrachtung aus der Sicht der modernen Naturwissenschaft gehen, und zwar im Sinne einer Interpretation der biblischen Aussagen im Licht der heutigen naturwissenschaftlichen Erkenntnisse. Mathematisch gesprochen handelt es sich um eine Abbildung biblischer Aussagen auf naturwissenschaftliche Aussagen, die als Deutung der biblischen Aussagen verstanden werden kann: Zu jeder biblischen Aussage gibt es eine naturwissenschaftliche Interpretation.

Dabei geht es nicht um die Behauptung, dass es sich genauso verhalten haben muss. Das heißt, die umgekehrte Abbildung, dass die naturwissenschaftlichen Aussagen ihre exakten Entsprechungen in den biblischen Aussagen haben, gilt nicht zwingend, kann aber so sein. In diesem Sinne ist diese Abbildung *injektiv* und nicht *bijektiv*, wie der Mathematiker sagen würde. Es geht hier lediglich um die Feststellung, dass jeder Aussage in der biblischen Schöpfungsgeschichte heute tatsächlich eine naturwissenschaftliche Deutung zugeordnet werden kann und dass in diesem Sinne die weithin vermutete Widersprüchlichkeit aus der Sicht der modernen Physik heute eben nicht mehr gilt.

Als Erstes ist es bemerkenswert, dass die Bibel schon seit Jahrtausenden weiß, was bis vor anderthalb Jahrhunderten der Naturwissenschaft noch völlig unbekannt war, nämlich dass die Entwicklung der Erde in Etappen geschah. Diese Grundstruktur des biblischen Schöpfungsberichtes ist keineswegs trivial! Denn bis zur heutigen modernen Kosmologie mit ihren Erkenntnissen über die Entstehung der Sterne und den Ursprung der sie umkreisenden Planeten wusste man noch nichts davon, dass die Erde einmal völlig anders aussah als heute und sich erst allmählich zu dem entwickelte, was sie jetzt ist! Man war fest davon überzeugt, dass sie schon immer dem heutigen Bild entsprach, naturgemäß mit einer geringeren Bevölkerung von Mensch und Tier, aber ansonsten ohne nennenswerte Unterschiede. Heute weiß man es natürlich besser. Es ist tatsächlich so, wie die Bibel es beschreibt: die Erde entwickelte sich in Etappen!

Wie alles begann

Ebenso erstaunlich geht es weiter. Der erste Satz der Bibel besagt, dass das Universum und die Erde aus einem Schöpfungsakt entstanden sind: »Am Anfang schuf Gott Himmel und Erde«. Einen Anfang kennt die Naturwissenschaft, wie bereits beschrieben, mittlerweile auch, aber die theoretische Grundlage dazu kennt man erst seit hundert Jahren und die finale empirische Bestätigung ist erst 50 Jahre alt!

Dieser erste Satz ist aber auch sprachlich bemerkenswert, sofern man ihn einmal im Urtext, im Hebräischen analysiert, und zwar in zweierlei Hinsicht.

Der erste Aspekt sei hier nur als interessante Randbemerkung angefügt, ohne ihm eine allzu große Bedeutung beizumessen, weil man sonst leicht ins Mystische verfallen kann. Es handelt sich um Folgendes: Die beiden Sprachen, in denen die Bibel im Urtext verfasst wurde – Hebräisch und Griechisch – haben die bemerkenswerte Eigenschaft, dass ihre Buchstaben gleichzeitig Zahlen in diesen Sprachen darstellen. Man kann also die Bibel in reine Zahlenkolonnen umschreiben. Damit könnte man auf den Gedanken kommen, die mathematische Struktur einzelner Sätze und Wörter zu analysieren. Der russische Mathematiker Ivan Panin (1855–1942), der das zum ersten Mal versuchte,[9] wandelte sich daraufhin von einem namhaften Verfechter des Atheismus zum Christen. Denn schon im Falle des ersten Satzes der Bibel ist das Ergebnis überraschend:

Addiert man zum Beispiel die Zahlen, die den drei Substantiven in diesem ersten Satz entsprechen, so erhält man die Zahl 777, also 111 mal sieben. Die Quersumme des Verbs in diesem Satz ist 203, also 29 mal sieben. Die Summe des ersten und letzten Buchstabens bzw. der ihnen entsprechenden Zahlen ist 497, das ist 71 mal sieben. Die Quersumme aller ersten und letzten Buchstaben aller sieben Wörter ist 1393, 199 mal sieben. Ferner gilt, dass der Satz aus sieben Wörtern und 28 oder 4 mal sieben Buchstaben besteht. Die drei Substantive haben insgesamt 14 oder 2 mal sieben Buchstaben, die anderen vier Worte bestehen ebenfalls insgesamt aus 14 und damit 2 mal sieben Buchstaben. Bezeichnend ist, dass der Zahl »Sieben« auch in ihrem inhaltlichen Zusammenhang in den biblischen Aussagen eine besondere Bedeutung zukommt und sie immer auf Vollkommenheit hindeutet. So wurde die Schöpfung zum Beispiel mit dem siebten Tag zur Vollkommenheit gebracht und abgeschlossen. Panin entdeckte, dass ähnliche auf der Zahl Sieben basierende Strukturen die ganze Bibel durchziehen, und widmete den Rest seines Lebens nur noch ihrer Erforschung.

Speziell hinsichtlich des in diesem Buch betrachteten Zusammenhangs von Physik und Bibel ist aber Folgendes an diesem ersten Satz in der Bibel von besonderem Interesse: Das hebräische Wort *bara* für »schuf« bzw. »erschaffen« wird in der Schöpfungsgeschichte nur an drei Stellen verwendet: hier im ersten Satz für die Erschaffung des gesamten Universums samt Erde, dann für die Erschaffung der ersten Lebewesen, der Fische und Vögel, und schließlich für die Erschaffung des Menschen. In allen anderen Fällen, in denen ein Entstehen beschrieben wird, werden andere Wörter gebraucht, wie *asah*, was so viel bedeutet wie »machen« oder »hervorbringen«. Wie im ersten Satz, wo es in Übereinstimmung von Bibel und moderner Kosmologie um die Erschaffung von etwas völlig Neuem, vorher nicht Dagewesenem geht, soll dies offenbar ganz speziell auch hinsichtlich der Erschaffung des ersten tierischen Lebens und schließlich des Menschen explizit konstatiert werden. In diesem Sinne unterteilt die Verwendung des Wortes *bara* die Schöpfungsgeschichte in drei Abschnitte, in denen jeweils etwas völlig Neues hervorgebracht wurde.

Es sei noch festgehalten, dass die naturwissenschaftliche Deutung des ersten Satzes der Bibel sowohl die Erschaffung (*bara*) der gesamten Masse des Weltalls und seiner Energie als auch die oben beschriebene ununterbrochene Expansion des Weltalls, die gewaltigen Entstehungs- und Vernichtungsprozesse von Sternen und die Bildung von Planeten, Asteroiden und Kometen umfasst. Eine detaillierte Beschreibung dieser Phänomene liefert die Bibel indes nicht. Das ist insoweit verständlich, als die Bibel kein naturwissenschaftliches Buch, sondern primär eine an die menschlichen Bewohner des Planeten Erde gerichtete Information über den Sinn ihres Daseins ist. Eine detaillierte Beschreibung astronomischer Vorgänge würde keinen Beitrag zu dieser Thematik liefern. Dass es dagegen eine etwas detailliertere Schilderung über die Entwicklung der Erde gibt, ist insofern sinnvoll, als hier die Einbettung der Erschaffung des Menschen in diese Entwicklungsgeschichte beschrieben wird.

Gleichwohl gibt es in der Bibel auch einige wenige Hinweise auf das kosmische Geschehen, wie zum Beispiel die Aussage im Buch Hiob: Gott »macht den Großen Wagen am Himmel und den Orion und das Siebengestirn und die Sterne des Südens« (Hiob 9,9) oder die bereits erwähnten Hinweise zur Ausdehnung des Weltalls. Aber generell gilt: Die wenigen Aussagen in der Bibel mit naturwissenschaftlichem Bezug scheinen gerade so bemessen zu sein, dass sie infolge ihrer Übereinstimmung mit den heutigen Erkenntnissen über die Entwicklung auf der Erde vor allem die Glaubwürdigkeit der Bibel untermauern.

Protoplanet Erde

Nach diesem ersten Satz in der Bibel geht es daher unmittelbar weiter mit den Vorgängen auf der Erde: Der nächste Satz beginnt mit: »Und die Erde …«. Das heißt, die nun folgenden Beschreibungen der sechs Zeitabschnitte bzw. Zeiträume beziehen sich auf den Planeten Erde, nicht mehr auf das ganze Universum.

Zunächst heißt es: Auf der Erde herrschte Chaos und Dunkelheit. Das steht im Widerspruch zu der bereits erwähnten klassischen Vorstellung von der Erde, derzufolge es solch einen chaotischen Anfangszustand nicht gab. Erst heute stimmt die Naturwissenschaft mit dieser biblischen Aussage überein und weiß sehr wohl um diesen chaotischen Zustand! Die modernen Theorien der Planetenentstehung sind eng verknüpft mit dem Wissen über die Bildung neuer Sterne, die in ihrem Entstehungsprozess von einer sogenannten protoplanetaren Gas- und Staubscheibe umgeben waren, aus denen sich unter der Gravitationswirkung allmählich Klumpen herausbildeten – die Protoplaneten, die so aussahen wie in der Bibel für den Protoplaneten namens Erde beschrieben: »Und die Erde war wüst und leer, und Finsternis lag auf der Tiefe« (1. Mose 1,2).

Unter dem Druck ihrer eigenen Gravitation erhitzt, bestand sie in ihrem Inneren aus geschmolzenem Magma, das immer wieder an die Oberfläche schwappte und die sich abkühlende schwarze Kruste immer wieder mit Strömen blutroter geschmolzener Lava übergoss – die Erde als lebensfeindlicher Materieklumpen, der in tiefschwarzem Dunkel einen noch viel größeren Materieklumpen umkreiste: die noch nicht als Wasserstoffbombe gezündete Proto-Sonne.

Die Sonne zündete!

Der dann folgende detailliertere Bericht beschreibt die einzelnen Schöpfungsperioden und beginnt mit folgendem Satz: »Und Gott sprach: Es werde Licht! Und es ward Licht« (1. Mose 1,3). Bevor Einstein seine *Spezielle Relativitätstheorie* veröffentlichte, der zufolge Materie in reine Energie umgewandelt werden kann, wurde dieser Satz belächelt. Man hatte noch keine naturwissenschaftliche Erklärung dafür, dass es plötzlich hell werden kann. Insbesondere erscheint die Sonne in dem Bericht erst zu einem späteren Zeitpunkt, sodass die Frage nach dem Ursprung dieser Helligkeit offen blieb und auch unter Theologen Anlass zu vielen Diskussionen bot. Heutzutage weiß man, wie im Kapitel über die Sternenentstehung beschrieben, dass die Sonne unter der Wirkung ihrer eigenen Gravitation derart komprimiert wurde, dass sie infolge der entstehenden gewaltigen Drücke und Temperaturen schließlich als Wasserstoffbombe zündete: Es wurde Licht! Eine naturwissenschaftliche Deutung dieser zuvor so rätselhaften Aussage!

Dass hier noch nichts von einem Erscheinen der Sonne erwähnt wird, lässt sich auch mit der heutigen naturwissenschaftlichen Erkenntnis deuten, der zufolge die Erde zunächst mit einer dichten Atmosphäre aus Wasserdampf, Kohlendioxid, Schwefelwasserstoff sowie Spuren von Stickstoff, Wasserstoff, Kohlenmonoxid, Helium, Methan und Ammoniak umgeben war. Ähnlich wie heutzutage im Falle einer dichten Bewölkung war es dann zwar diffus hell, aber die Atmosphäre war für das direkte Licht von Sonne, Mond und Sternen noch undurchlässig. Durch die Erdrotation wechselte sich diese diffuse Helligkeit mit der Dunkelheit ab und so entstanden die Phasen von Tag und Nacht.

Die Erde wird urbar gemacht!

Laut Bibel entstand dann eine Trennung des Wassers in Wasser oberhalb eines Bereiches, der in der Lutherbibel mit »Feste« übersetzt ist, und Wasser unterhalb. Das hebräische Wort für »Feste« ist von dem Wort für »breithämmern« abgeleitet und bedeutet einen nach allen Seiten ausgeweiteten Bereich, und so liegt es auf der Hand, dass damit die Atmosphäre gemeint ist. »Und Gott nannte die Feste Himmel« (1. Mose1,8) – das gleiche Wort, das eingangs für den gesamten Kosmos verwendet wurde. Hier wird bereits deutlich, dass das Wort »Himmel« im Hebräischen eine mehrfache Bedeutung hat. Im Kontext der gesamten Bibel handelt es sich um drei Bedeutungen: um die Atmosphäre auf der Erde, den Kosmos, der die Sterne enthält, und um den geistlichen Bereich. Dass hier die »Feste« explizit als Himmel bezeichnet wird, hat eine besondere Bewandtnis, auf die später noch eingegangen werden wird.

Eine naturwissenschaftliche Deutung dieses Vorganges liegt auf der Hand: Der heiße Protoplanet und mit ihm die ihn umgebende Gasschicht kühlte allmählich ab, der Wasserdampf in der Gasschicht kondensierte zum Teil aus und regnete auf die Erde. Der Rest verblieb als Wolken in der Atmosphäre, und so entstand die »Feste« des Luftraumes zwischen den Wolken und dem Wasser auf der Erde.

Nun heißt es weiter: »Und Gott sprach: Es sammle sich das Wasser unter dem Himmel an einem Ort, dass man das Trockene sehe. Und es geschah so. Und Gott nannte das Trockene Erde, und die Sammlung der Wasser nannte er Meer« (1. Mose 1,9-10). Da vom Wasser auf der Erde bereits die Rede war, aber erst jetzt vom Sichtbarwerden der Erde gesprochen wird, scheint es so, als ob laut Bibel die Erde zunächst noch von Wasser bedeckt war. Und auch das hat sein naturwissenschaftliches Pendant: Man weiß heute, dass bei der Auskühlung der Gasschicht derart gewaltige Wassermassen auskondensierten, dass die Erde praktisch komplett mit dem sogenannten »Urmeer« bedeckt war, und das Land sich erst danach durch vulkanische und tektonische Prozesse aus dem Wasser hob. In Psalm 104 wird dieser Prozess auch in der Bibel genauer beschrieben; dort heißt es zunächst: »Die Flut der Tiefe deckte es wie ein Kleid, und die Wasser standen über den Bergen.« Und etwas später in Vers 8: »Sie [die Wasser] sanken herunter in die Täler zum Ort, den du ihnen gegründet hast.« Und schließlich im Vers 9: »Du hast eine Grenze gesetzt, darüber kommen sie nicht und dürfen nicht wieder das Erdreich bedecken.« Präziser kann sich die Übereinstimmung biblischer Aussagen mit naturwissenschaftlichen Erkenntnissen kaum darstellen.

Der biblische Schöpfungsbericht fährt fort, dass jetzt die Flora auf dem Land entstand (1. Mose 1, 11-12). Aber Tiere gab es noch nicht. Offensichtlich sollte erst die Nahrung für die Tiere bereitgestellt werden, bevor diese in Erscheinung treten konnten. Es sei noch angemerkt, dass das für die Fotosynthese und damit für die Existenz der Flora erforderliche Sonnenlicht – zumindest gemäß der schon erwähnten naturwissenschaftlichen Deutung des ersten Schöpfungsabschnittes – bereits vorhanden war.

In der nächsten Phase sprach Gott: »Es werden Lichter an der Feste des Himmels« (1. Mose 1,14): Sonne, Mond und Sterne. Bemerkenswert ist, dass hier nicht das Wort *bara* verwendet wird, also Erschaffung aus dem Nichts, sondern *asah* – »machen« oder »hervorbringen«. Aus naturwissenschaftlicher Sicht, der zufolge die Erschaffung der gesamten Materie des Weltalls, der Sterne und der Planeten – dem Wort *bara* im ersten Satz der Bibel entsprechend – bereits erfolgt ist, und die Sonne schon »gezündet« hatte, lässt sich diese Aussage dahingehend deuten, dass sich die Atmosphäre durch weitere Niederschläge immer weiter ausdünnte und dadurch für die bereits vorhandenen Gestirne transparent wurde. So wurden diese *asah* – »hervorgebracht«. Und so würden sie der noch kommenden Menschheit dienen können als »Zeichen für Zeiten, Tage und Jahre«, wie es weiter in dieser Bibelstelle heißt.

Die Erschaffung des Lebens

In der nächsten Phase erschuf Gott laut Bibel das Leben im Meer (1. Mose 1,20). Und hier wird zum zweiten Mal in der Bibel wieder das Wort *bara* gebraucht: Leben zu erschaffen ist ein ähnlich gewaltiges Schaffenswerk aus vorher nicht Vorhandenem wie die Erschaffung des Universums!

Gemäß Bibel entstehen die Landtiere erst in der nächsten und letzten Phase (1. Mose 1,24). Diese Reihenfolge, dass es zuerst Lebewesen im Meer gab und dann erst auf dem Land, ist heute selbstverständlich gewordene naturwissenschaftliche Erkenntnis. Aber woher wussten das die antiken Autoren der Bibel?

Ferner heißt es, dass in diesem Abschnitt auch die Vögel erschaffen wurden, also noch vor den Landtieren. Paläontologen vermuten, dass sich Vögel aus Dinosauriern entwickelt haben. Natürlich ist es etwas an Haaren herbeigezogen: Aber wenn man einmal unterstellt, dass mit der nachfolgenden Erschaffung der Landtiere nicht die ausgestorbene Spezies der Saurier gemeint ist, dann würde die Reihenfolge stimmen: erst Vögel, und dann die Landtiere.

Erst in einer letzten Phase wurden laut Bibel die Landtiere und dann der Mensch geschaffen (1. Mose 1, 27). Wie bereits bemerkt, war man noch bis vor wenigen Jahrhunderten davon ausgegangen, dass die Erde im Wesentlichen immer schon so aussah wie heute, und dass Flora, Fauna und der Mensch schon immer da waren. Von einem sequenziellen Erscheinen wusste man noch nichts. Mittlerweile entspricht diese jahrtausendalte biblische Darstellung allgemein bekannten naturwissenschaftlichen Erkenntnissen! Hochinteressant ist in diesem Zusammenhang, dass in der Beschreibung der Erschaffung des Menschen das Wort *bara* zum dritten Mal in der Schöpfungsgeschichte vorkommt, und zwar gleich dreimal! »Und Gott schuf (*bara*) den Menschen nach seinem Bild, nach dem Bild Gottes schuf (*bara*) er ihn, als Mann und Frau schuf (*bara*) er sie.« Deutlicher kann nicht ausgedrückt werden, mit welcher Wertschätzung Gott dieses Ergebnis seiner Schaffenskraft betrachtet.

Insgesamt ist festzustellen, dass sich nicht die biblischen Aussagen als falsch erweisen, sondern dass sich die Erkenntnisse der Naturwissenschaften den biblischen Überlieferungen heute immer mehr annähern.

Die Schöpfung in sechs Tagen

Die Bibel spricht von sechs Tagen, in denen diese Entwicklung stattfand, und einem siebten, an dem die Schöpfung vollendet wird – die Naturwissenschaft dagegen von Abschnitten mit jeweils mehreren Millionen Jahren Dauer, allerdings mit sehr eindrucksvoller empirischer Evidenz. Möglicherweise muss hier die Deutung der biblischen Aussagen einer genaueren Untersuchung unterzogen werden – wohlgemerkt: nicht die biblischen Aussagen selbst, sondern nur deren Deutung.

Zum Beispiel wird das hebräische Wort für »Tag« in der Bibel durchaus auch für lange Zeiträume verwendet, wie zum Beispiel in dem bekannten Ausspruch im vierten Vers des Psalms 90: »Denn tausend Jahre sind vor dir wie der Tag, der gestern vergangen ist«, oder in den Aussagen des vierten Kapitels des Hebräerbriefes, in dem von einer Zeit gesprochen wird, in der Christen in die ›Ruhe

Gottes‹ gelangen sollen, wobei diese Zeit auch mit »Tag« bezeichnet wird (Hebräer 4,7-11).

Allerdings heißt es jeweils zum Abschluss jeder Schöpfungsphase: »Und es wurde Abend, und es wurde Morgen, ein erster Tag«, und so weiter bis zum sechsten Tag, sodass man geneigt ist, hier doch an 24-Stunden-Tage zu denken. Mit der umgekehrten Reihenfolge von Abend und Morgen hat es die Bewandtnis, dass der jüdische Tag am Abend beginnt und bis zum folgenden Abend dauert, der wiederum den nächsten Tag einleitet. Der Morgen bedeutet dann den Anbruch des hellen Tages nach der Nacht zwischen den beiden Abenden. Bezeichnend für diese Auffassung ist, dass das hebräische Wort für »Abend« auch »Wechsel« oder »Übergang« bedeutet und das Wort für »Morgen« auch »Durchbruch«. Zumindest prinzipiell ist hier die Deutung möglich, dass mit »Abend« genau genommen der Wechsel von jeweils einer der sechs Schöpfungsphasen zur nächsten gemeint ist und mit »Morgen« der Durchbruch nach einem längeren Zeitraum (Nacht) eines Entwicklungsprozesses bis zur Fertigstellung des neuen Schaffensgegenstands. Insofern wären mit den Worten »Abend« und »Morgen« keine Zeiten, sondern Markierungen im Schaffensvorgang gemeint, und dies wäre kompatibel mit entsprechend langen Schaffenszeiträumen – auch von Tausenden oder Millionen von Jahren –, die sie markieren. In Band 2 der Buchreihe *Evolutionslehre und Bibel* sieht Ingo Resch die Zeitangaben dementsprechend auch primär als eine Abfolge im Schöpfungsvorgang, als »einen für uns gültigen zeitlichen Rhythmus«[10].

Diese Betrachtung sei hier aber ausdrücklich nur als Denkmöglichkeit zu verstehen, die zwar durchaus der in der Bibel intendierten Bedeutung und gleichzeitig den naturwissenschaftlichen Erkenntnissen entsprechen kann; sie soll hier aber in keiner Weise als Dogma behauptet werden. Auch wenn die Frage einer Konvergenz hier letztendlich offenbleibt – bemerkenswert ist allemal, dass sie nicht kategorisch auszuschließen ist.

Anders verhält es sich mit der gelegentlich geäußerten Behauptung, dass die sechs Tage sich auf die Erschaffung des ganzen Universums beziehen. Das wird manchmal mit folgendem Vers im zweiten Buch des Moses begründet, wo es heißt: »Denn in sechs Tagen hat der Herr Himmel und Erde gemacht und das Meer und alles, was darinnen ist« (2. Mose 20,11). Die Folgerung, dass die sechs Tage sich demzufolge auch auf das Universum beziehen, kann hier leicht aufgelöst werden: Wie weiter oben bereits erwähnt, hat das Wort »Himmel« im Hebräischen drei Bedeutungen: die Atmosphäre, der Kosmos und die spirituelle Welt. Das genannte Problem entsteht nur, wenn man für »Himmel« die zweite Bedeutung heranzieht, wofür es aber nicht den geringsten Grund gibt. Im Gegenteil: hier ist die erste Bedeutung, »Atmosphäre«, zu wählen, denn nur so wird der fragliche Vers konsistent mit dem eindeutigen Umstand, dass sich der zweite Tag des Schöpfungsberichtes ausschließlich auf die Beschreibung einer Entwicklungsphase auf der Erde bezieht und dort zudem das Wort »Himmel« explizit als Atmosphäre, als Bereich zwischen dem Wasser oberhalb der Erde und auf der Erde definiert ist. Die Überprüfung der Konsistenz biblischer Aussagen untereinander ist in der Theologie immer eine gute Hilfe bei der Klärung strittiger Fragen und führt auch hier zu der naheliegenden Auflösung des Problems.

Eine letzte Schwierigkeit hinsichtlich der zeitlichen Dimension besteht in Bezug auf das Alter der Menschheit. Anhand der präzisen biblischen Genealogie kommt man auf einen Zeitraum von etwa 6 000 Jahren Menschheitsgeschichte. Auch hier gibt es zunächst eine Diskrepanz zu den naturwissenschaftlichen Vorstellungen, die von ca. 100 000 bis 300 000 Jahren für das Alter des heutigen Homo sapiens ausgehen. Allerdings ermöglichen die archäologischen Ausgrabungen nur Hinweise auf das Äußere der mutmaßlichen Hominiden, und das zum Teil auch nur mit gewagten Verallgemeinerungen von wenigen Knochenfunden auf die gesamte Gestalt. Einen Schluss auf das Wesen dieser Hominiden lassen sie aber keinesfalls zu. Und daher ist es prinzipiell kein Problem, die biblische Aussage zu akzeptieren, dass dieser entscheidende Vorgang erst vor ca. 7 000 Jahren stattfand, wo dem Menschen, der laut biblischer Aussage zunächst »aus Staub von der Erde« gebildet wurde, dann noch der »Odem (Atem) des Lebens« eingehaucht wurde, der ihn erst zu einer »lebenden Seele« machte (1. Mose 2,7). Es ist durchaus denkbar, dass es lange vor Adam bereits die unterschiedlichsten menschenähnlichen Wesen gab – sogenannte Hominiden, die auch unterschiedliche Grade einer Intelligenz aufwiesen, aber dass der Homo sapiens in seiner charakteristischen geistigen und seelischen Befindlichkeit, so wie wir ihn heute kennen, erst seit dieser relativ kurzen Zeitspanne existiert, seitdem er eben zu dieser »lebenden Seele« wurde. In der Tat reichen entsprechende Berichte oder Zeugnisse einer echten menschlichen Intelligenz und Kultur, wie wir sie kennen, ob per Keilschrift, in steinernen Reliefs oder auf Papyrus dokumentiert, kaum weiter als bis in diese Zeit zurück.

Der zweite Schöpfungsbericht

Nach dem besprochenen Schöpfungsbericht im ersten Buch Mose fährt die Bibel im zweiten Kapitel in den Versen fünf bis sieben fort mit einem Bericht, der manchmal fälschlicherweise als »zweiter Schöpfungsbericht« bezeichnet wird und von dem behauptet wird, er sei von einer anderen Quelle sozusagen nachträglich als eine alternative Darstellung eingefügt worden. Dieser würde sogar in seinen ersten sieben Versen dem ersten Schöpfungsbericht widersprechen, denn man könne aus diesem zweiten Bericht herauslesen, dass der Mensch erschaffen wurde, bevor es die Vegetation gab, die im ersten Bericht aber bereits am dritten Tag der Schöpfung erschien.

Bei genauerer Betrachtung löst sich dieser Widerspruch jedoch leicht auf. Zunächst ist offensichtlich, dass es sich nicht um einen alternativen Bericht handelt, sondern um eine Vertiefung des zentralen Aspektes der Bibel: Nun steht der Mensch im Fokus, um den und um dessen Verhältnis zu seinem Schöpfer es in allen weiteren Berichten der Bibel gehen wird. Und auch der vermeintliche Widerspruch löst sich auf, wenn man die fraglichen Verse mit der Brille eines Naturwissenschaftlers betrachtet. Dann zeigt es sich nämlich, dass dieser Text als eine Ergänzung des Schöpfungsberichtes um eine naturwissenschaftliche Erklärung gedeutet werden kann, die beschreibt, wie die Voraussetzung dafür entstand, dass dem Menschen die nötige Nahrung bereitgestellt wurde, bevor er erschaffen wurde:

Vers 5 des zweiten Kapitels kann nämlich aufgefasst werden als die Formulierung eines gewaltigen Problems, das uns heute überhaupt nicht mehr bewusst ist: Es gab noch keine Flora, »denn Gott der Herr hatte noch nicht regnen lassen auf Erden«. Kraut auf den Feldern und Sträucher, der Anfang der Nahrungskette für Mensch und Tier, standen noch nicht bereit. Land und Meer waren geschieden und das Land war zunächst noch trocken. Wie sollten die ungeheuren Wassermassen auf das Land gelangen, um die Basis für den Pflanzenwuchs zu liefern?

Vers 6 formuliert eine Lösung, die so genial wie alltäglich ist, sodass heute kaum jemand diese Genialität noch erkennt. Diese riesigen Wassermassen werden nämlich zunächst per Verdunstung aus dem Meer gehoben, dann als Wasserdampf durch den Wind tonnenweise aufs Land transportiert, wo sie in der Thermik quasi als Dunst von der Erde nach oben aufsteigen, in den höheren kalten Regionen kondensieren und als Niederschlag die Erde befeuchten. In Vers sechs steht dementsprechend in der sogenannten Elberfelder Übersetzung der Bibel das Wort »aber«, gewissermaßen als Einleitung zu der Antwort auf dieses Problem: »ein Dunst aber stieg von der Erde auf und bewässerte die ganze Oberfläche des Erdbodens«. Auch wenn die Interpretationen dieser Stelle differieren mögen: Aus naturwissenschaftlicher Sicht kann man den physikalischen Prozess des Aufsteigens von Wasserdampf und seines Abregnens nicht knapper beschreiben. Auf dieser Basis konnte nun die Fauna und damit die Nahrungskette für den Menschen entstehen. Dementsprechend heißt es erst dann in Vers 7: »Da bildete Gott der Herr den Menschen«. Jetzt erst. Jetzt war die Voraussetzung für seine Existenz geschaffen.

Fazit

Wie am Anfang dieses Kapitels erwähnt, soll hier nicht behauptet werden, dass die beschriebene Konvergenz zwischen biblischen und naturwissenschaftlichen Aussagen die tatsächlichen Gegebenheiten zwingend korrekt wiedergibt. Allerdings ist es doch bemerkenswert, dass man heute für alle biblischen Aussagen eine naturwissenschaftliche Deutung hat. Lediglich hinsichtlich der zeitlichen Dimension müsste man die Interpretation der biblischen Texte – nicht die Texte selbst – noch einmal genauer unter die Lupe nehmen. Die pauschale Aussage, dass die biblische Schöpfungsgeschichte der Naturwissenschaft widerspricht, hat jedenfalls ihre Gültigkeit verloren. Im Gegenteil: Die moderne Naturwissenschaft untermauert geradezu die Glaubwürdigkeit der Bibel. Auf diesen Punkt wird in einem weiteren Kapitel noch einmal detaillierter eingegangen werden.

DER MENSCH

Der Mensch ist winzig und einsam in einem ungeheuren Universum. Man stelle sich vor, dass die Sonne eine Kugel von einem Meter Durchmesser wäre. Mit bloßem Auge sichtbar gäbe es in diesem Maßstab im Umkreis von dreißig Millionen Kilometern um die Sonne nichts: in allen Richtungen dreißig Millionen Kilometer weit nur Leere – außer neun winzigen Kügelchen auf engen Umlaufbahnen um die Sonne, so als fürchteten sie sich vor dieser unendlichen Weite und Kälte und suchten Schutz bei dem zentralen Wärmespender. Eines dieser Kügelchen mit einem Durchmesser von etwa neun Millimetern, das die Sonne in gut 100 Metern Entfernung einmal alle 3,3 Tage umkreist, ist unsere Heimat. 60 Meter weiter draußen zieht der Mars, ein Kügelchen mit einem Durchmesser von knapp fünf Millimetern, seine Bahn. 450 Meter weiter umkreist der Jupiter mit einem Durchmesser von etwa zehn Zentimetern die Sonne und so weiter bis zum äußersten Planeten, dem Pluto, einem Krümelchen mit einem Durchmesser von 1,7 Millimetern, der in diesem Maßstab gut vier Kilometer von der Erde entfernt ist. Danach gibt es nichts mehr, was in diesem Maßstab mit bloßem Auge erkennbar wäre. Und erst in einer Entfernung von 30 Millionen Kilometern taucht dann das nächste mit bloßem Auge sichtbare Objekt auf: der *Alpha Centauri A*, mit einem Durchmesser von 1,2 Metern nur wenig größer als die Sonne. Das ist der unserem Sonnensystem am nächsten gelegenen Stern. Aber das gilt nur in diesem verkleinerten Maßstab. In Wirklichkeit ist dieser Stern noch mehr als eine Million Mal weiter entfernt.

Der Mensch: allein in diesen unendlichen Weiten, winzig.

Die Substanz des Menschen

Aber kaum bekannt ist, dass wir noch viel winziger sind, als man ohnehin schon erkennen kann. Der Mensch besteht ja aus Atomen, und jedes Atom besteht aus einem Kern und Elektronen, die den Kern umschwirren, und dazwischen herrscht Vakuum. Das ist zwar ein stark vereinfachtes Modell, aber es reicht aus für die folgende Betrachtung.

Der Kern ist winzig. Wenn man ein Wasserstoff-Atom auf die Größe einer Kugel von ca. 40 Meter Durchmesser vergrößern würde, dann wäre der Kern nur ein Stecknadelkopf von einem Millimeter Durchmesser in der Mitte. Das eine Elektron des Wasserstoffatoms, das auf der Kugeloberfläche umherschwirrt, hat in diesem Maßstab eine restlos vernachlässigbare Größe. Dazwischen wäre alles leer. Wenn man sich nun einmal gedanklich vorstellt, einen Menschen so lange zusammenzuquetschen, bis alles Vakuum entwichen wäre und er sozusagen nur noch aus der eigentlichen Substanz der dicht gepackten Atomkerne samt der Elektronen bestehen würde, dann käme ein Krümelchen heraus, das man mit bloßem Auge nicht mehr sehen könnte! Allerdings hätte es dieses Krümelchen in sich: Wenn man es auf die Hand legen würde, würde es glatt hindurchfallen, denn sein Durchmesser ist kleiner als die Spitze einer Nadel, aber immerhin wöge es nach wie vor 50 bis 100 Kilogramm je nachdem, wer da zusammengequetscht würde!

So winzig der Mensch in dieser Hinsicht ist, so gewaltig ist er dagegen in Bezug auf seine Komplexität. Zunächst besteht er aus rund 100 000 Milliarden Zellen – etwa so viel wie Sterne in tausend Galaxien! Jede dieser Zellen ist dabei ein komplettes, eigenständiges Lebewesen! Ihre Beschreibung würde den Rahmen dieses Buches restlos sprengen. Im Folgenden werden daher nur einige wenige Details erwähnt, um einen ersten Eindruck zu vermitteln.

Allein die Membran, die eine Zelle umhüllt, ist ein Wunder an Komplexität. Sie ist nämlich nicht für alle Stoffe durchlässig, sondern in der Lage, zu kontrollieren, was nach innen und außen durchgelassen wird: Nährstoffe nach innen, Abfallprodukte der Energieerzeugung nach außen.

Diese Energieerzeugung ist ein hoch komplizierter Prozess, in der die Atomenergie der Sonne, die am Anfang der Nahrungskette zunächst von Pflanzen durch den Aufbau von Kohlenwasserstoff-Molekülen gespeichert und durch Nahrungsaufnahme vereinnahmt wurde, durch die Zerlegung dieser Moleküle wieder freigesetzt wird. Dies geschieht in den sogenannten Mitochondrien, den Kraftwerken der Zellen, den Energie- und Wärmespendern des menschlichen Körpers.

Ohne auf das gesamte komplexe Geschehen in einer einzigen Zelle weiter einzugehen, sei hier nur noch erwähnt, dass neben der Energieerzeugung in den Zellen auch der Körperaufbau betrieben wird: In den sogenannten Ribosomen werden die Grundbausteine des Lebens, die Aminosäuren, zur Bausubstanz des Körpers, zu Proteinen, verknüpft. Die Verknüpfungssequenz der Aminosäuren ergibt sich aus Bauplänen, die im Zellkern als Gene gespeichert sind. Das sind einzelne Abschnitte auf den Fadenmolekülen der sogenannten *Desoxyribonukleinsäure* oder kurz: DNA. Diese DNA ist in jeder einzelnen Zelle immerhin insgesamt etwa zwei Meter lang!

Die Differenzierung der Zellen für die verschiedenen Organe erfolgt durch den genialen Kniff, dass nicht etwa für jedes Organ eine eigene DNA gebildet wird, sondern dadurch, dass in dieser DNA mit immer dem gleichen Aufbau bestimmte Gene deaktiviert und andere dagegen aktiviert werden. Hierdurch ergeben sich modifizierte Baupläne für die unterschiedlichen Proteine, die für die verschiedenen Zelltypen benötigt werden. Dadurch ist beispielsweise eine Leberzelle chemisch und strukturell anders aufgebaut als eine Nervenzelle, obwohl beide prinzipiell immer noch die gleiche Erbinformation in sich tragen.

Hinzu kommt etwas ganz Entscheidendes: Diese ungeheure Anzahl von hochkomplexen einzelnen Lebewesen steht durch ein weitverzweigtes Versorgungs- und Steuerungssystem zueinander in einem geordneten Verbund, um ein funktionierendes Ganzes zu ergeben: den Menschen.

Die nun folgende Beschreibung dieses Systems kann seine Komplexität nur zu einem winzigen Bruchteil streifen; die gewählten Beispiele dienen nur einer ganz oberflächlichen Illustration.

Für die Nahrungsversorgung sowie den Abtransport der Abfallprodukte der Energieerzeugung stellt der menschliche Körper ein fein verästeltes Röhrensystem von insgesamt etwa 100 000 Kilometern Länge bereit. Der Transport durch diese Röhren erfolgt durch eine Flüssigkeit, die mit einer Pumpleistung von ca. 7,5 Tonnen pro Tag durch das Röhrensystem befördert wird. Die Flüssigkeit, das Blut, enthält ca. 30 000 Milliarden Blutkörperchen: rote Blutkörperchen, die Sauerstoff transportieren, Blutplättchen, die durch Blutgerinnung dafür sorgen, dass das Blut bei Verletzungen nicht komplett ausläuft, und weiße Blutkörperchen als Abwehrzellen, die dafür sorgen, dass Fremdkörper und Angreifer (Bakterien, Viren,

Pilzsporen usw.) bekämpft werden. Der Verschleiß dieser Blutkörperchen ist hoch: Pro Sekunde müssen etwa zwei Millionen neue gebildet werden!

Die Kontaktfläche zwischen Blut und Außenwelt, in der der Austausch von Sauerstoff und den Abfallprodukten Kohlendioxid und Wasser aus der Energieerzeugung erfolgt, ist etwa zehn Meter mal zehn Meter groß und setzt sich zusammen aus den Oberflächen von etwa 300 Millionen winziger Bläschen, in die die Außenluft ständig rhythmisch eingesogen und anschließend mitsamt den Abfallgasen wieder ausgestoßen wird – ein stetig ablaufender Prozess in einem feinen, zarten hochkomplexen Gebilde!

Aber das Blut transportiert nicht nur die Substanzen, die mit der Energieerzeugung zusammenhängen, sondern auch die Nährstoffe für die Zellen. Im Darm einer Chemiefabrik von geradezu aberwitziger Komplexität werden diese Nährstoffe aus Pflanzen und Teilen toter Tiere, die der Mensch in sich aufnimmt, extrahiert und über Schleimhäute an das Blut abgegeben. Und die gleichen Blutbahnen werden dazu verwendet, um die Abfallprodukte aus der Aufbereitung der Nährstoffe zu den eigens dazu vorgesehenen Ausscheidungsorganen Niere und Darm zu transportieren.

Noch weitaus komplexer als dieses Versorgungssystem ist das Steuerungssystem. Die zentrale Instanz hierfür ist ein Supercomputer mit unvorstellbarer Speicherkapazität und Rechenleistung! Gut geschützt ruht er in einer schockabsorbierenden Flüssigkeit in einem Behälter aus festem Knochenmaterial. Er besteht aus rund 100 Milliarden Nervenzellen, den Neuronen, die über Nervenstränge von insgesamt etwa 6 Millionen Kilometern Länge rund eine Trillion Mal untereinander vernetzt sind. In der Struktur dieser Vernetzungen und in den Aktivitäten der Neuronen liegt das Geheimnis von Speichervermögen und Rechenleistung verborgen. Hier ist die ungeheure Flut an Daten gespeichert, ob angeboren oder angelernt, die der Mensch zu seinem Überleben braucht. Hier laufen Rechenleistungen mit unvorstellbarer Geschwindigkeit ab. Kein Supercomputer der Welt kann zum Beispiel wie das menschliche Gehirn durch den Vergleich mit Hunderten und Tausenden gespeicherten Gesichtern in Bruchteilen einer Sekunde erkennen, ob man ein Gesicht schon einmal gesehen hat oder nicht. Zu jedem Denkvorgang werden blitzschnell Erinnerungen präsentiert, die mit dem Gegenstand des Denkens etwas zu tun haben könnten. Ununterbrochen werden Lichtwellen und akustische Schwingungen über die Augen und Ohren wahrgenommen, im Kontext der bisherigen Erfahrungen in ihrer Bedeutung interpretiert. Es gibt keine menschgemachte Maschine, die es hinsichtlich des Verstehens von Sensorsignalen auch nur im Entferntesten mit dem Gehirn aufnehmen könnte. Ähnliche, aber weniger komplizierte Steuerungszentralen befinden sich auch im Rückenmark und im Magen-Darm-Bereich des Menschen.

Insgesamt steuern diese Kommandozentralen sämtliche Bewegungen und inneren Abläufe des Menschen. Zur Verteilung der entsprechenden Kommandos bis hin in die kleinsten Funktionseinheiten des Körpers steht ihnen ein gewaltiges Datenleitungssystem zur Verfügung, das sogenannte periphere Nervensystem. Aber nicht nur die Kommandos werden über diese Datenleitung vermittelt, sondern auch die Rückmeldungen an die Steuerungszentrale mit der Information, ob die Kommandos richtig ausgeführt wurden oder Korrekturen erforderlich sind, sowie sämtliche Informationen von der Außenwelt, die der Mensch mit seinen fünf Sinnen erfasst.

Zu diesen fünf Sinnen gehören beispielsweise zwei in ihrer Blickrichtung hochgradig synchron gesteuerte optische Sensoren mit je 6 Millionen miniaturisierten Lichtempfängern, die auf Tageslicht ansprechen, und weiteren 120 Millionen solcher Empfänger, die dem Sehen bei niedrigen Leuchtstärken angepasst sind. Jeder dieser Empfänger arbeitet wie ein winziges Radio, das jeweils nur eine bestimmte Frequenz beziehungsweise nur eine Farbe empfangen kann. Auf diese Weise wird ein Bild in Millionen Einzelsignale unterschiedlicher Frequenzen zerlegt, die dann zur weiteren Verarbeitung in den Zentralcomputer beschickt werden. Ähnlich arbeiten die etwa 25 000 akustischen Sensoren in jedem Ohr des Menschen, die den auftreffenden Schall in seine Frequenzanteile zerlegen und dann ans Gehirn weiterleiten.

Ferner gibt es auf der ganzen Haut verteilt im Schnitt etwa 250 000 Kältesensoren, 30 000 Wärmesensoren, 3,5 Millionen Schmerzsensoren und 60 Millionen Rezeptoren, die Berührung, Druck und Vibration wahrnehmen. Dazu kommt noch eine gewaltige Anzahl weiterer Sensoren, die den Zentralcomputer über den inneren Zustand des Körpers informieren – über Hunger, Schmerz, Druck, Völlegefühl, Füllstand der Harnblase usw. Ferner verfügt die Haut über etwa 3 Millionen Schweißdrüsen zur Wärmeregulation des Organismus.

Und das Ganze, aufgehängt an einem Skelett aus biegsamen und doch ziemlich festen Knochen, deren bewegliche Teile durch fast verschleißfreie Kugelgelenke miteinander verbunden sind, kann sich auch fortbewegen! Ermöglicht wird dies durch lange faserartige Zellen, die sich zusammenziehen und wieder entspannen können, gebündelt in etwa 600 an den Knochen befestigten Aktoren, den Muskeln.

Hinzu kommt, dass der Körper über einen intelligenten Reparatur- und Selbsterneuerungsprozess verfügt, durch den beispielsweise alle drei Tage sämtliche Bläschen in der Lunge ersetzt und in ca. zwei Wochen alle kleinen Lichtempfänger in unseren Augen gegen neue ausgetauscht werden. Auf diese Weise entstehen in einem Jahr unter anderem etwa sechs neue Harnblasen, acht Luftröhren, achtzehn Lebern und mehr als 100 neue Magenausgänge!

Milliarden mikroskopischer kleiner einzelner Lebewesen, mit nahrungs- und energiespendenden Substanzen durch ein hochkomplexes Versorgungssystem geschickt, das gleichzeitig auch der Abfallentsorgung dient, eine ganze chemische Fabrik zur Aufbereitung der Nahrung, Millionen von Sensoren und Hunderte von Aktoren, Pumpen und Ventilen, ein Rechner unvorstellbarer Leistung, alles in einem gewaltigen, geordneten Zusammenspiel – wie in einem Orchester, in dem alle Musiker genauestens dem Taktstock des Dirigenten folgen –, um eine rätselhafte und dabei doch wunderbare Sinfonie erklingen zu lassen: den Menschen.

Der Energiegehalt des Menschen

So winzig der Mensch in seiner physischen Ausdehnung vergleichsweise ist, und so beeindruckend er ist hinsichtlich der Komplexität seiner Struktur, so viel gewaltiger ist er, was seinen Energiegehalt betrifft. Dazu ein Gedankenexperiment: Im Prinzip könnte man einen Menschen nach der bereits erwähnten Formel Einsteins, $E = M x C^2$, in reine Energie zerstrahlen. Wie bereits beschrieben, wurden in der größten Wasserstoffbombe, die die Amerikaner jemals zur Explosion gebracht haben, etwa 700 Gramm Materie in die unvorstellbare Energie von 15 Millionen Tonnen Dynamit zerstrahlt. Daraus errechnet man leicht, dass ein Mann mit einer Masse von 70 Kilogramm das Hundertfache an Energie freisetzt! Vom energetischen Standpunkt aus betrachtet, entspricht der Mensch also etwa hundert dieser größten Atombombe, die die USA jemals zur Explosion gebracht haben!

Nun gilt aber auch das Umgekehrte: Man kann nicht nur Materie in Energie umwandeln, sondern auch Energie in Materie. So gesehen kann man sagen, dass zur Herstellung eines einzigen

Menschen die Energie von rund einhundert solcher Atombomben erforderlich ist. Eine Energie, die bereits im Moment des Urknalls bereitgestellt wurde – für alle Menschen! Für all die Milliarden von Menschen, die seit der Existenz der Menschheit den Planeten bevölkerten und heute noch bevölkern!

Spätestens jetzt könnte die Frage immer dringlicher werden, worum es hier eigentlich geht. Im ersten Kapitel wurde bereits begründet, dass diese Energie nicht per Zufall ins Leben gerufen worden sein kann, sondern dass es einen starken Hinweis auf einen Schöpfer gibt, der die Bereitstellung dieser Energie beabsichtigt hat.

Bevor dieser Aussage weiter nachgegangen wird, soll aber noch ein Einwand gegen einen Schöpfer mit solchen Absichten behandelt werden, der heutzutage das Denken wohl des Großteils der Menschheit prägt:

Die Evolutionstheorie

Zumindest in der westlichen Welt in allen Schulen gelehrt, ist die Evolutionstheorie hinreichend bekannt: Es handelt sich zunächst um die sogenannte Mikroevolution, die gut verifizierten Anpassungs- und Optimierungsprozesse einer Art an die Umwelt. Als Hypothese hat man nun zusätzlich die sogenannte Makroevolution postuliert, den Sprung von einer Art zu einer anderen, komplexeren. Dabei wird angenommen, dass solche Artensprünge durch eine plötzliche Änderung des Genmaterials ausgelöst werden, durch sogenannte Mutationen – etwa infolge der kosmischen Strahlung oder aufgrund chemischer Einflüsse. Ob die neue Art überlebt und die Basis für eine Höherentwicklung legen kann, hängt davon ab, ob sie sich in der Umwelt behauptet oder im Überlebenskampf gegenüber den anderen Arten als die überlegene erweist und infolge dieser natürlichen Auslese Bestand haben wird. Auf diese Weise wird die Entstehung aller Arten aus ersten, primitiven Einzellern bis hin zum Menschen erklärt.

Der Fall deutlicher Artensprünge zu höheren Spezies, auf einen Schlag ausgelöst durch rein zufällige Mutation, ist allerdings extrem unwahrscheinlich. Deswegen wird er in der Evolutionstheorie durch das Konzept der Zwischenstufen mit jeweils nur minimalen, inkrementellen Änderungen und dem Mechanismus der Selektion ersetzt. Problematisch ist dabei allerdings, dass man die zahllosen Zwischenstufen, die als Überlebende aus dem Selektionsprozess hervorgingen und die Basis für den nächsten Schritt bildeten, bislang nicht in der erwarteten Fülle auffinden konnte. Das gilt neben diesen überlebenden Spezies auch für die zahllosen Zwischenstufen, die zwar eine Zeit lang lebensfähig waren, aber schließlich im Überlebenskampf verdrängt worden waren. Vonseiten der Evolutionstheorie hofft man aber, dass man entsprechende Entdeckungen in Zukunft noch machen wird.

In dem durch die Physik abgesteckten Rahmen dieses Buches kann auf diese biologisch-entwicklungsgeschichtliche Problematik dieser Theorie nicht weiter eingegangen werden, aber einige Fragestellungen aus dem Handwerkzeug der Physik, der Mathematik, seien hier noch kurz angefügt:

Es müsste eigentlich eine allgemein anerkannte mathematische Untermauerung der Makroevolution geben – typischerweise als Computersimulation – aus der hinreichend überzeugend hervorgeht, dass die Entwicklung der Arten bis hin zum Menschen tatsächlich durch diesen *Trial-and-Error-Prozess* in der Zeit von ca. vier Milliarden Jahren möglich war oder auch nicht. Allerdings – obwohl man mit modernen Computern heute bereits solch ungeheuer komplexe Phänomene wie die Wetterentwicklung oder die Entstehung von Sternen und Galaxien zumindest näherungsweise nachbilden kann – die Simulation der Darwin'schen Evolutionsstufen scheint aufgrund der Komplexität und Vielfalt der einzelnen Prozesse heute und auch in ferner Zukunft nicht machbar zu sein. Solch ein Computermodell müsste eine geradezu ungeheure Anzahl von Prozessmodellen umfassen, in denen zum Beispiel die Eintrittswahrscheinlichkeiten sämtlicher möglicher Mutationen in der DNA einer Spezies beschrieben sind, ferner die anschließenden Wachstumsprozesse, die aus diesen genetischen Änderungen zur Entstehung neuer lebensfähiger Zwischenstufen führen, und schließlich den Selektionsprozess in der Auseinandersetzung dieser Stufe mit anderen Spezies oder mit der ungeheuren Vielfalt von Umwelteinflüssen. Dabei müssten alle diese Einflüsse samt ihrer selektierenden Wirkung auf die entstehenden Spezies ebenfalls modelliert sein. Vor allem müssten alle diese Prozesse mit Abschätzungen der Prozessdauern versehen werden, damit durch eine entsprechende zeitliche Kumulierung berechnet werden kann, wie viel Zeit der gesamte Entwicklungsprozess vom Einzeller bis zum Menschen ungefähr erfordert.

Es gibt Computerprogramme, die an abstrakten, extrem vereinfachten Modellen die Dynamik künstlicher evolutionärer Systeme simulieren oder einzelne, der Biologie nachempfundene evolutionäre Prozesse beschreiben. Aber eine alle relevanten biologischen Prozesse möglichst realistisch modellierende, umfassende mathematische Untermauerung der Darwin'schen Evolutionstheorie liegt nicht vor und kann aus den genannten Gründen in absehbarer Zeit wohl auch nicht vorgelegt werden. Die für die Gültigkeit der Evolutionstheorie zentrale und entscheidende Frage, ob diese Theorie in die zur Verfügung stehende Zeit passt oder nicht, ist nicht beantwortet.

Es sei dahingestellt, ob man es nicht zumindest mit stark vereinfachten Modellen versuchen sollte, wie man es zum Beispiel in der Simulation turbulenter Strömungen an Flugzeugen und Autos lange Jahre mit durchaus akzeptablen Ergebnissen für diese Phänomene tat. Statt die Simulation vom ersten Einzeller an zu starten, der entsprechend der Evolutionslehre vor etwa vier Milliarden Jahren aufgetaucht sein soll, könnte man zum Beispiel die betrachtete Zeit deutlich verkürzen und die Vielzahl der Prozessmodelle stark reduzieren, indem man zum Beispiel erst im sogenannten Kambrium ansetzt, eine erdgeschichtliche Phase, die vor etwa 540 Millionen Jahren begann. Gemäß Funden von Fossilien musste dort in einem erdgeschichtlich gesehen sehr kurzen Zeitraum eine ungeheure Vielzahl mehrzelliger Tiergruppen wie etwa Algen, Quallen und Gliederfüßler entstanden sein, deren grundsätzliche Baupläne sich teilweise bis heute erhalten haben. Ferner könnte man die Berechnung nur auf den mutmaßlichen Stammbaum des Menschen reduzieren, wie er sich aus dem Kambrium gemäß den Vorstellungen der Evolutionstheorie bis hin zum Schimpansen und weiter zum Menschen entfaltet haben soll. Schließlich könnte man mit weiteren vereinfachten Modellen der einzelnen Prozesse und einer Vielzahl von Variationen dieser Modellbeschreibungen mitsamt der ihnen zugeordneten zeitlichen Prozessdauern versuchen, zumindest im Sinne einer groben Abschätzung, eine Antwort auf die Frage zu bekommen, ob die für die Darwin'sche Evolution zur Verfügung stehende Zeit ausreicht oder nicht. Aber selbst eine solche Betrachtung scheint aufgrund der inhärenten Komplexität noch weit außerhalb der heute verfügbaren Möglichkeiten zu liegen.

Sofern man sich dennoch dieser so fundamentalen Frage der zeitlichen Dimension auf irgendeine Art annähern wollte (und müsste), gäbe es anstelle solcher quantitativen Analysen eigentlich nur noch qualitative Betrachtungen. Deren Stellenwert kann allerdings höchstens im Sinne von Plausibilitäten vorliegen, deren

Interpretation natürlich je nach Weltbild unterschiedlich ausfallen wird, es sei denn, dass schon diese qualitativen Betrachtungen mit überwältigendem Gewicht in die eine oder andere Richtung zeigen und damit »beweisen« würden, dass die Darwin'sche Entwicklung der Spezies in die zur Verfügung stehende Zeit passt oder nicht.

Im Folgenden seien nur einige dieser »qualitativen Betrachtungen« angeführt, und der Leser möge selber urteilen, ob sich hier vielleicht nicht doch solch eine überwältigende Evidenz in die eine oder andere Richtung abzeichnet:

So ist es bei einer Beurteilung der zeitlichen Einbettbarkeit der Evolutionstheorie in die zur Verfügung stehende Zeit noch nicht damit getan, dass man dabei nur an die Herausformung der einzelnen Bestandteile wie der Organe oder Skelettstrukturen des Menschen denkt. Es müssen sich nicht nur seine sämtlichen Bestandteile, sondern auch alle Steuerungsprogramme, alle bereits ab Geburt abgespeicherten Prozesse, alle Strukturen und Informationen, die Reproduktion und sein Überleben ermöglichen, per Zufall und Selektion aus einem Einzeller entwickelt haben.

Dazu kommt die Entwicklung der schon erwähnten Verbindungsstrukturen zwischen den Organen zum Transport von Sauerstoff, Nährstoffen, Abfallprodukten und anderen lebenserhaltenden Bestandteilen sowie der Entwicklung von Datenleitungen zur Übertragung von Sensorinformationen und Steuerungskommandos, ganz zu schweigen von der Entwicklung eines geeigneten, elektrochemischen Mechanismus zur Übertragung der Daten sowie der Verfahren zur Erzeugung und Decodierung der ungeheuren Menge an Informationen, die übertragen werden muss.

Ferner müssten zufalls- und selektionsgesteuert zahllose Steuerungsprozesse gefunden werden, die etwa bei Tier und Mensch die selbstständige Heilung von Wunden betreffen oder die ständige

Erneuerung von Hautzellen, Sehzellen in den Augen, Harnblasen, Luftröhren, Lebern und anderen Organen, wie bereits beschrieben.

Schließlich sei noch erwähnt, dass irgendwann in der Kette der Artensprünge zufälligerweise zum ersten Mal – auch wenn nur in einer extrem rudimentären Form – eine männliche und weibliche Ausprägung der vorangegangenen Spezies aufgetaucht sein muss, jeweils bereits ausgerüstet mit Fortpflanzungsorganen, einem für jedes Geschlecht unterschiedlichen Fortpflanzungsprozess und einem Antriebsmechanismus, der beiden die Paarung »schmackhaft« machen würde. Diese Art, jeweils in der männlichen und weiblichen Ausprägung, musste zunächst den Geburtsvorgang aus der Mutter erfolgreich überstehen und sich anschließend im Überlebenskampf mit Spezies möglicher anderer Fortpflanzungsmechanismen als die erfolgreichere Variante durchsetzen. Im weiteren Verlauf mussten sich diese zunächst rudimentären männlichen und weiblichen Varianten zu dem weiterentwickelt haben, was heute Mann und Frau ist – jeweils anhand unabhängig voneinander ablaufenden Mutations- und Selektionsprozesse. Diese müssten erstaunlicherweise aber trotzdem in einer genau aufeinander abgestimmten Weise erfolgen, damit die anfängliche rudimentäre Paarungsfähigkeit auch in der ansteigenden Komplexität erhalten bleibt.

Für jeden allerkleinsten der hierfür milliardenfach erforderlichen Entwicklungsschritte müsste die Natur jedes Mal sozusagen erst darauf »warten«, dass zufälligerweise die zugehörige genetische Änderung geschieht – etwa infolge des Einschlags eines kosmischen Strahlungsteilchens genau an der richtigen Stelle in die DNA einer vorhandenen Spezies. Dann müsste diese Änderung aber noch durch entsprechende biologische Prozesse im Körper der Mutter in die Bildung und Geburt des entsprechenden Abkömmlings umgesetzt und dieser dann dem Selektionstest ausgesetzt werden. Führt dieser Prozess zum Tod des Neulings, würde diese Prozesskette mit all ihren Zeitaufwänden aufs Neue beginnen müssen – durchaus auch in millionen- oder milliardenfachen Versuchen, bevor eine nächste, überlebensfähige Zwischenstufe mit der gegebenen neuen Eigenschaft entstanden sein könnte. Sollten die entsprechenden Veränderungen in der DNA nur durch Einschlag kosmischer Strahlungsteilchen möglich sein, so können zwischen diesen Versuchen durchaus gewaltige Zeiträume liegen – bis nämlich das richtige Teilchen mit der richtigen Energie auf die richtige Stelle trifft.

Wie erwähnt, bleibt es jedem überlassen, diese Betrachtungen zu bewerten, aber selbst prominenten Philosophen, die nicht dem Glauben an einen Schöpfer das Wort reden, kommen heute Fragen zur Realisierbarkeit der Darwin'schen Evolutionstheorie.

»Es ist auf den ersten Blick höchst unplausibel, dass das Leben, wie wir es kennen, das Ergebnis einer Reihe physikalischer Zufälle im Zusammenspiel mit dem Mechanismus natürlicher Auslese sein soll«, sagt der Philosoph Thomas Nagel in seinem Buch *Geist und Kosmos.*[11]

Dass man sich trotz dieser deutlichen Schwierigkeiten mit der Alternative so schwertut, nämlich dass die Arten durch eine planende Intelligenz geschaffen wurden, ist eigentlich verwunderlich, zumal es für diese Alternative anstelle von Schwierigkeiten eigentlich nur unterstützende Hinweise gibt. Niemand kam etwa angesichts der seltsamen waagerechten, senkrechten und schrägen keilförmigen Gravuren, die man auf uralten Tontafeln fand, auf die Idee, dass es sich um zufällig entstandene Strukturen handelt, sondern man wusste sofort, dass hier Informationen von einer intelligenten, bewusstseinsbegabten Spezies vorlagen, und konnte diese Keilschrift anschließend auch entziffern. Und man kann sich die Aufregung kaum vorstellen, die weltweit entstehen würde, wenn man auf der Suche nach strukturierten Signalen aus dem Weltall, die seit mehr als einem halben Jahrhundert unter der Bezeichnung *SETI* läuft, fündig werden würde. Denn schon äußerst primitiv strukturierte Signale würden sofort als klarer Beweis für eine außerirdische Intelligenz als Verursacher angesehen werden. Es sollte daher eigentlich überhaupt kein Problem sein, von der ungeheuren Vielfalt an Struktur – nicht nur im Menschen, sondern insgesamt auch in Fauna und Flora – auf eine diese Strukturen prägende Information zu schließen, die ihren Ursprung in einer verursachenden Intelligenz hat. Dass dies im Allgemeinen nicht gesehen wird, scheint zwei Ursachen zu haben:

Zum einen geht man aus Gründen, die nicht auf naturwissenschaftlichen Erkenntnissen beruhen, von dem Vorverständnis aus, dass es keinen Schöpfer gibt. Mit dieser Prämisse wird die Evolutionshypothese zum sogenannten Evolutionismus, zu einer »naturalistischen Weltanschauung, in der man davon ausgeht, dass Evolution eine vollständige Beschreibung der Entwicklung aller Phänomene der Welt insgesamt liefert«, wie der Physiker Ralf Bergmann in seinem Buch *Gott und die Erklärung der Welt* erläutert.[12] Speziell hinsichtlich der Entstehung der Arten konstatiert der Philosoph Harald Seubert in dem Buch *Irrtümer in der Gemeinde Gottes*: »Der Evolutionismus hat den Mechanismus aus der Newton'schen Physik auf die Abstammungslehre übertragen.«[13] Da dieser Mechanismus aufgrund der Erkenntnisse der modernen Physik selbst im Bereich der unbelebten Materie nicht mehr alle Phänomene beschreiben kann, ist seine Übertragbarkeit auf die Entwicklung der belebten Welt heutzutage erst recht fragwürdig. Insbesondere aber gibt es für die zugrunde liegende Prämisse keinen Beweis, und damit handelt es sich bei dieser Weltanschauung genau genommen um einen Glauben, der nicht weiter hinterfragt werden kann. Atheismus sowie der auf ihm beruhende Evolutionismus ist Glaube.

Zum anderen wird daran gezweifelt, ob eine planende Intelligenz durch eine allen Erscheinungen zugrunde liegende Information der Materie Strukturen aufprägen kann. »Die Evolutionstheorie geht davon aus, dass sich Informationen aus den durch Zufälle verursachten Veränderungen ergeben. Die Bibel geht davon aus, dass Informationen Veränderungen verursachen«,[14] bringt Ingo Resch in seinem bereits erwähnten Buch *Evolutionslehre und Bibel* die unterschiedlichen Auffassungen auf den Punkt. Die Evolutionstheorie widerspricht der biblischen Aussage, aber genau diese wird heute durch die moderne Neurobiologie bestätigt! Wir wissen heute, dass wir uns Dinge dadurch merken, dass Informationen, die wir durch unsere Sinnesorgane aufnehmen, Struktur und Stärke der Verbindungen zwischen den Neuronen, den Nervenzellen des Gehirns, verändern. Die Information wird sozusagen in der Struktur des Geflechts der Nervenbahnen zwischen den Neuronen codiert. Entscheidend ist hier die Feststellung: Von außen kommende Information – etwa durch Lesen dieses Buches – lässt Struktur entstehen! Information bewirkt, dass Verbindungen zwischen Neuronen geschwächt oder gelöst und andere geknüpft werden. Das sollte dem Einwand den Boden entziehen können, dass die Arten etwa nicht von einer schöpferischen Intelligenz geschaffen worden sein können, weil es die Möglichkeit einer Erzeugung von Strukturen durch Information nicht gäbe.

Besonders problematisch in der Evolutionslehre ist die Hypothese vom Sprung der unbelebten Natur zu einer ersten lebenden Zelle. Hierzu gibt es einige Vermutungen, aber an die muss man glauben; mehr ist nicht vorhanden. Es ist bislang noch nicht gelungen, Leben aus unbelebter Materie zu erzeugen. Alle Versuche, im Labor unter Urwelt-Bedingungen Leben zu erzeugen, schlugen fehl, auch wenn dabei einige Moleküle entstanden, die auch in lebenden Zellen vorkommen. Letztlich handelt es sich bei diesen Versuchen lediglich um alternative Verfahren zur Herstellung von chemischen Verbindungen, die auch im Falle sonst üblicher Verfahren entstehen, aber kein Leben hervorbringen.

Unabhängig davon, wie sich alles abgespielt haben mag, hat die Evolutionsidee allerdings ein Problem in die Welt gesetzt, das einer geradezu unbegreiflichen intellektuellen Unredlichkeit gleichkommt.

Da man meint, verstanden zu haben, wie das Leben sich entwickelt hat, folgert man, dass es keinen Urheber gebe! Das wäre in etwa das Gleiche, als wenn jemand herausgefunden hätte, wie ein Computer funktioniert, und nun daraus folgern würde, dass es keine Elektroingenieure geben würde, die Computer entwickeln. Die Folgerung, dass das Verstehen eines Systems oder eines Vorganges die Nichtexistenz eines Designers nach sich zieht, ist ein unbegreiflicher intellektueller Fehlschluss!

Das gilt umso mehr, als diese Folgerung völlig außer Acht lässt, dass die vermeintlichen Evolutionsschritte ohne die Naturgesetze nie hätten ablaufen können. Die simple Frage, woher denn die Naturgesetze kommen, auf denen eine Evolution beruhen müsste, lässt die Folgerung, dass es keinen Urheber gäbe, sofort in sich zusammenfallen.

Die große, heute weit verbreitete, aber unlogische Unterstellung lautet: Alles, was sich naturwissenschaftlich erklären lässt, macht einen Schöpfer überflüssig.

»Naturwissenschaftlich erklären« heißt, die Dinge auf Naturgesetze zurückführen zu können, aber ohne eine Antwort auf die Frage, woher denn diese Gesetze kommen, ist die genannte Folgerung unzulässig. Es mutet geradezu unheimlich an, dass dieser Zusammenhang nicht gesehen wird. Dass der Ursprung der Naturgesetze nicht naturalistisch erklärt werden kann, ist in Wirklichkeit ein unübersehbarer Hinweis für die Existenz eines Schöpfers und nicht dagegen!

Treffend wird das in folgender Anekdote illustriert: Ein Wissenschaftler, dem es gelungen ist, Menschen aus Sand zu machen, fordert Gott zu einem Wettbewerb heraus, wer in gegebener Zeit die meisten Menschen herstellen könne. Gott willigt ein und lässt ihm den Vortritt. Als der Wissenschaftler sich herunterbeugt, um Sand aufzunehmen, stoppt ihn Gott mit den Worten: »Nein, nein! Jeder nehme seinen eigenen Sand!«

INFORMATION UND WIRKLICHKEIT

Die derzeit akzeptierte und umfassendste Theorie, mittels derer man versucht, die Frage nach der Ursache des Urknalls auf naturalistische Weise zu beantworten, ist die sogenannte *Quantenfeldtheorie.* Ihr zufolge ist das Vakuum nicht wirklich ein Vakuum, sondern in ihm kommt es ununterbrochen zu einer spontanen Entstehung von Paaren von Teilchen und Antiteilchen, die sich sofort wieder gegenseitig auslöschen und verschwinden. Das geschieht innerhalb so kurzer Zeiten, dass das Energieerhaltungsgesetz nicht verletzt wird. Dass so etwas nicht nur möglich ist, sondern sogar geschehen muss, ist der Eigenart der Welt der Allerkleinsten, der Elementarteilchen geschuldet.

Nun wird postuliert, dass es zur Zeit des Urknalls eine gewisse Asymmetrie zwischen Teilchen und Antiteilchen gegeben habe. Und zwar gab es einen Überschuss an Teilchen, die keine Antiteilchen-Partner zur gegenseitigen Vernichtung finden konnten und so übrig blieben. Diese Teilchen würden dann den Ausgangspunkt der gesamten Materie des Universums gebildet haben. Damit hätte man eine Erklärung für die Beobachtung, dass im Universum die Materie gegenüber der Antimaterie überwiegt. Insbesondere würde daraus folgen, dass diese Materie und damit das Universum das Produkt einer rein zufälligen, spontanen Entstehung aus dem Quantenvakuum ist. Es handele sich also doch um einen zufälligen Vorgang. Ein Urheber sei dafür nicht erforderlich.

Das Problem bei dieser Argumentation ist ein zweifaches: Zunächst gibt es noch keine Erklärung für die genannte Asymmetrie. Entscheidend aber ist, dass dieses Vakuum samt den Naturgesetzen, nach denen die Paarerzeugung erfolgt, bereits Existierendes in Raum und Zeit darstellt. Es kann nicht als Verursacher seiner eigenen Existenz und damit als Ausgangspunkt für das Universum dienen. Dieses Vakuumfeld eignet sich nicht als Mutter des Universums!

Information und Quantenphysik

Während also einerseits das Quantenvakuum mit seinen sogenannten Vakuumfluktuationen nicht als Ursache für das Entstehen des Weltalls dienen kann, könnte die Quantenphysik anderseits einen Zugang zu einem weiteren Hinweis auf eine kreative Intelligenz eröffnen, die hinter allem stehen muss. Denn in ihren hartnäckigen Versuchen, der wahren Natur der Materie immer mehr auf die Spur zu kommen, stießen die Physiker Anfang des letzten Jahrhunderts auf ähnlich verblüffende Phänomene im Kleinen wie mit dem Urknall im Großen. Es zeigte sich, dass sich elektromagnetische Wellen, wie zum Beispiel das für uns sichtbare Licht, auch wie kleinste Energieeinheiten, die sogenannten Quanten, verhalten können – daher die Bezeichnung Quantenphysik. Umgekehrt können sich Quanten, also etwa Elektronen, wie Wellen verhalten. In dem fast verzweifelt zu nennenden Bemühen, endlich herauszufinden, worum es sich bei der Materie letztlich handelt, entzog sich die Natur dem Zugriff immer mehr, bis schließlich – um mit dem Physiker Hans-Peter Dürr zu sprechen – nur noch eine »Potenzialität« übrig blieb. Eine Information, die signalisiert: »Da ist etwas«, das sich auf die eine oder andere Weise zeigen kann, je nachdem, welcher Art Experiment man damit durchführt. Licht kann sich einmal als Welle und einmal als Teilchenstrom erweisen. Zunächst gibt es also einen Zustand des »Da ist etwas«, das erst durch die Wechselwirkung mit der Umwelt – etwa mit einer Messapparatur – die eine oder andere konkrete Erscheinungsform annimmt.

Als kleiner Exkurs in die Physik sei bemerkt, dass man tatsächlich in der Lage ist, diese schwammige Natur der mikrokosmischen Welt mathematisch in den Griff zu bekommen, sodass man damit heutzutage Radios, Fernseher, Navigationssysteme und aller Art elektronische Systeme entwickeln und herstellen kann. Der Zustand des »Da ist etwas« wird dabei, vereinfacht gesprochen, durch eine sogenannte Zustandsfunktion dargestellt. Aus ihr kann man mithilfe von sogenannten Operatoren – Rechenvorschriften wie Multiplikation oder Differenziation – zumindest Wahrscheinlichkeiten des Verhaltens von Elementarteilchen berechnen. Ähnlich wie das Auffinden der Einstein'schen Feldgleichungen war auch hier das Auffinden einer Gleichung, die die zeitliche Entwicklung der genannten Zustandsfunktion beschreibt, eine intellektuelle Meisterleistung. Das war das Verdienst des österreichischen Physikers Erwin Schrödinger, der diese nach ihm benannte *Schrödinger-Gleichung* 1926 publizierte.

Entscheidend ist hier aber nicht die mathematische Behandlung, sondern die Erkenntnis, dass sich die Natur bei genauerer Betrachtung sozusagen zurückzieht in ein »Da ist etwas«, eine Information, dass da etwas sei, dass sich dem Beobachter auf jeweils völlig unterschiedliche Weise offenbaren kann.

Im Folgenden sei der spannende Weg zu dieser Erkenntnis kurz nachgezeichnet. Auch dieser Weg ist wieder ein Bild dafür, wie überkommene Weltbilder den Fortschritt eine Zeit lang behindern können, auch wenn sie bereits durch neue empirische Befunde erschüttert wurden. Erst müssen sich mutige Physiker finden, die gegen die bestehende *scientific correctness* vorzugehen wagen. Für das Verständnis der Natur des Lichts bestand diese zunächst darin, dass der bereits erwähnte Physiker Isaac Newton Licht als einen Strom von Teilchen ansah und diese Ansicht unter anderem auch aufgrund seiner Prominenz von den meisten Physikern übernommen wurde.

Sie galt, bis 1802 der englische Arzt Thomas Young ein Experiment durchführte, das dieses Weltbild grundlegend erschütterte. Er ließ Licht auf eine Platte fallen, in der zwei schmale Schlitze oder Spalte nebeneinander angeordnet waren, und schaute nach, was von dem durchgelassenen Licht auf einer zweiten Platte zu sehen war, die er hinter der Platte mit den Spalten angeordnet hatte. Deckte er jeweils einen der beiden Spalte ab, so sah er, wie im Teilchenbild zu erwarten, auf der zweiten Platte einen einzigen schmalen hellen Streifen. Selbst wenn er den offen gebliebenen Spalt sehr schmal machte, blieb es bei diesem Bild, abgesehen davon, dass der Streifen sich immer mehr diffus verbreitete, weil Teilchen offenbar an dem sehr engen Spalt etwas abgelenkt wurden. Und nun kam das Überraschende: Wenn die Spalte sehr schmal gemacht wurden und er beide öffnete, sah er nicht wie erwartet zwei helle Streifen auf der zweiten Platte, sondern gleich eine ganze Menge heller Streifen, mit dunklen Streifen dazwischen. Für die Erklärung gab es nur eine Möglichkeit: Licht ist kein Teilchenstrom, sondern Welle! Die beiden Lichtwellen, die aus den beiden Spalten austreten, überlagern sich hinter der Platte und je nachdem, ob ein Wellenberg der einen Welle sich mit einem Wellenberg oder einem Wellental der anderen Welle überlagert, wird das Licht verstärkt oder ausgelöscht. Auf diese Weise entstehen die abwechselnd hellen und dunklen Streifen. Dieser empirische Befund über die Wellennatur des Lichts fand etwas später seine theoretische Bestätigung in den Gleichungen zur Beschreibung des Elektromagnetismus, die der englische Physiker James Maxwell in der Zeit zwischen 1861 und 1864 erarbeitet hatte. Demnach besteht Licht aus elektromagnetischen Wellen, die sich exakt mit der für die Fortpflanzung von Licht gemessenen Geschwindigkeit ausbreiten. Fortan galt die Wellennatur als die *scientific correctness* für die Beschreibung des Lichts.

Diese galt, bis der deutsche Physiker Max Planck im Jahre 1900 entdeckte, dass er ein gewisses Phänomen des Lichts nicht mit der Wellennatur beschreiben konnte. Er suchte eine Formel für die Verteilung der elektromagnetischen Energie der sogenannten *Hohlraumstrahlung* (deren Spezifika hier nicht weiter interessieren) in Abhängigkeit von den Frequenzen ihrer Strahlungsanteile. Mithilfe der bereits lang bewährten Thermodynamik konnte er diese Verteilung nicht ableiten.

Geradezu widerwillig – weil er damit gegen die bestehende *scientific correctness* verstieß – versuchte er es mit der Hypothese, dass Licht als Teilchen von den Wänden des Hohlraums ausgesandt wird – und damit klappte es! Mit einer entsprechenden Formel konnte er die experimentellen Befunde sehr genau nachrechnen.

Allerdings gelang dies nur unter der Annahme, dass die Teilchen aus nicht mehr teilbaren »Klümpchen« mit fest vorgegebener, nur von der Frequenz des Lichts abhängiger Energie bestehen – den Quanten, im Falle des Lichts auch Photonen genannt.

Es dauerte noch fünf Jahre, bis dieser zunächst nur als mathematischer Kunstgriff angesehene Ansatz zur Erkenntnis einer ganz neuen Wirklichkeit mutierte. Wieder war es Einstein, der die endgültige Verabschiedung aus dem bestehenden Weltbild einleitete. Und zwar konnte er Ungereimtheiten, die bei der Erklärung des sogenannten Fotoeffektes auftraten, solange man noch die Wellennatur zugrunde legte, mit einem Schlag beseitigen, indem er die Vorstellung der Quantelung des Lichts von Planck übernahm. Der Fotoeffekt, die Herauslösung von Elektronen aus Metall, das mit Licht bestrahlt wird, ließ sich nun genau berechnen. Aber es sollte noch weitere rund 20 Jahre dauern, bis dieser Befund mit der Aufstellung der bereits erwähnten *Schrödinger-Gleichung* in eine geschlossene Theorie überführt werden konnte. Fast zeitgleich hatte übrigens Werner Heisenberg mit der sogenannten *Matrizenmechanik* eine alternative Formulierung der Quantenmechanik gefunden, deren Äquivalenz zu seiner eigenen Theorie Erwin Schrödinger später nachweisen konnte.

Nun standen die Physiker allerdings vor einem neuen Problem: die quantenmechanische Deutung des *Young'schen Doppelspalt-Experiments*! Insbesondere ist es möglich, das Experiment so weit zu verfeinern, dass statt eines Stroms von Photonen jeweils nur ein Photon »unterwegs« ist und den einen oder den anderen Spalt der Platte passiert. Um trotz der winzigen Energie eines einzelnen Photons das Ergebnis auf der zweiten Platte sehen zu können, schickt man die einzelnen Photonen nacheinander durch die Spalte und registriert über eine sehr lange Zeit die Summe der Einschläge auf der zweiten Platte, indem man diese durch eine fotografische Platte ersetzt. Das Ergebnis: Wenn der eine Spalt abgedeckt ist, ergeben die summierten Einschläge wieder den einen hellen Streifen, den man auch im Teilchenbild erwarten würde. Wenn aber beide Spalte offen sind, zeigt sich wieder das Bild der abwechselnden hellen und dunklen Streifen! Dies hatte man für die einzeln aufschlagenden Photonen nicht erwartet! Das kann nur so erklärt werden, dass jedes Photon eher zufällig irgendwo auf der zweiten Platte aufschlägt, dabei aber doch einer gewissen Ordnung folgt, sodass sich die einzelnen Photonen auf lange Sicht zu einem Gesamtbild arrangieren, das der Wellennatur entspricht. Offenbar können sich Photonen in diesem Sinne auch als Wellen manifestieren! Dies konnte aber aufgrund der Teilchennatur des Lichtes eigentlich nicht sein! Denn wenn das einzelne Photon doch nur jeweils einen Spalt passiert – wie kann es »wissen«, ob der andere Spalt geschlossen oder offen ist, um sich je nachdem mal in einem einzelnen Streifen zu sammeln und mal in Gestalt von vielen abwechselnd hellen und dunklen Streifen? Oder geht es, wenn beide Spalte geöffnet sind, auf irgendeine geheimnisvolle Weise gleichzeitig durch beide Spalte?

Mathematisch löst man das Problem in der Quantenphysik dadurch, dass man dem Photon einfach eine Welle zuordnet – die bereits erwähnte Zustandsfunktion in der *Schrödinger-Gleichung* – und rein rechnerisch liefert diese bei geöffnetem Doppelspalt erwartungsgemäß abwechselnde helle und dunkle Streifen. Und tatsächlich: Diese berechneten Streifen entsprechen auch dem, was man beobachtet! Und auch bei nur einem geöffneten Spalt erhält man wieder die Übereinstimmung von Rechnung und Beobachtung. Die Zustandsfunktion ist offenbar eine adäquate Repräsentation der Photonen. Sie teilt uns mit, was man über das Photon wissen kann. Sie beinhaltet die entsprechende Information. Das Photon stellt sich uns somit dar als Information, und zwar als Information über Möglichkeiten seiner Manifestation.

Die Frage, woher das Photon »weiß«, ob beide Spalte offen sind oder nur einer der beiden geöffnet ist, bleibt mit dieser Modellvorstellung allerdings unbeantwortet. Um diesem Geheimnis auf die Schliche zu kommen, hat man versucht, mithilfe von speziellen messtechnischen Anordnungen herauszufinden, welchen Spalt ein einzelnes Photon eigentlich passiert, wenn beide Spalte geöffnet sind. Das Verrückte: Aufgrund der Messung wusste man zwar jetzt, welchen Spalt die einzelnen Photonen jeweils passieren, aber verblüffenderweise gab es nun plötzlich die vielen abwechselnd hellen und dunklen Streifen nicht mehr – die Photonen verhalten sich nun wie Teilchen! Sie entziehen sich sozusagen der Aufdeckung ihres Geheimnisses, dass sie sich auch als Welle manifestieren können. Aber woher »weiß« das einzelne Photon, dass man es beobachtet? Man konnte sogar experimentell feststellen: Allein schon die Tatsache, dass man den Weg eines einzelnen Photons durch die Spalten beobachten will und eine entsprechende Messanordnung anbringt, lässt das Photon seine Natur von Welle auf Teilchen wechseln! Man braucht selber gar nicht hinzuschauen. »Es reicht die reine Möglichkeit, dass wir dies tun können«, erläutert der Physiker Anton Zeilinger in seinem Buch *Einsteins Schleier. Die neue Welt der Quantenphysik*[15]. Entfernt man die Anordnung, manifestieren die Photonen wieder Wellennatur. Man kann offenbar nicht beides gleichzeitig beobachten: den Weg eines einzelnen Photons, den es als Teilchen durch den einen oder anderen Spalt genommen hat, und sein ganz anderes Verhalten als Welle.

Während man zunächst vom Teilchenbild ausging, das dann durch die Vorstellung einer Wellennatur abgelöst wurde, hatte man nun beides: den *Welle-Teilchen-Dualismus*. Photonen können sich sowohl als Welle wie auch als Teilchen manifestieren, jedoch mit der Besonderheit, dass beides prinzipiell nicht gleichzeitig beobachtet werden kann. Das war starker Tobak für die Physiker von damals. In seinem Buch *Auf der Suche nach Schrödingers Katze* zitiert John Gribbin den Physiker und Nobelpreisträger Niels Bohr, der maßgeblich an der Entwicklung der Quantentheorie beteiligt war, mit den Worten: »Wer über die Quantentheorie nicht entsetzt ist, der hat sie nicht verstanden.«[16] Und Erwin Schrödinger, der erwähnte Mitbegründer der Quantenphysik, soll von der Quantenphysik gar gesagt haben: »Ich mag sie nicht, und es tut mir leid, dass ich jemals etwas mit ihr zu tun hatte.«

Es kam aber noch dramatischer: 1924 postulierte der französische Physiker Louis de Broglie in seiner Dissertation diesen *Welle-Teilchen-Dualismus* dann auch für Elementarteilchen, beispielsweise für Elektronen. Diese sollten gemäß seinem Vorschlag neben ihrer Teilchen- auch Wellennatur haben. Dieser Gedanke war so revolutionär, dass der Prüfungsausschuss vor Erteilung der Doktorwürde die Dissertation sicherheitshalber erst Einstein vorlegte, der allerdings das Bahnbrechende an dieser Idee sofort erkannte: Zunächst hatte man damit eine erste Erklärung für die bislang unverstandene Stabilität der Elektronenbahnen in Atomen.

Und natürlich machte man sich sofort ans Experimentieren und in der Tat: Es gelang, die Wellennatur von Elektronen und anderen Elementarteilchen zunächst an Kristallen anstelle des Doppelspalts und später anhand des *Doppelspalt-Experiments* selbst nachzuweisen! Und auch hier stellte man wieder verblüfft fest, was John Gribbin in dem erwähnten Buch *Auf der Suche nach Schrödingers Katze* folgendermaßen formulierte: »Die Elektronen wissen nicht nur, ob beide Löcher offen sind oder nicht, sie wissen auch, ob wir sie beobachten oder nicht.«[17]

Ein neues Weltbild

Die Physiker standen nun vor einer neuen und völlig unerwarteten Erkenntnis: In der Welt der Elementarteilchen erweist sich die Natur nicht als die dingliche Realität der uns bekannten materiellen Objekte, sondern zunächst nur als eine Information über diese Objekte – dass diese sich als dingliche Realität auf die eine oder andere Weise konkretisieren könnten. Aber sie behält diese Möglichkeit für sich und zeigt sich einem Beobachter auf die eine oder andere Weise konkret erst in dem Moment, in dem er sie beobachtet und je nachdem, wie er sie beobachtet.

Die Verarbeitung der Bedeutung dieser Erkenntnis für unser Weltbild ist noch nicht abgeschlossen, und es stellt sich dabei vor allem eine Frage: Was ist Wirklichkeit! Ist die Essenz, das eigentlich Ursprüngliche, die Wirklichkeit allen Seins letztlich Information? Bevor ein Photon oder Elektron in dem *Doppelspalt-Experiment* die Platte mit den Spalten erreicht, stellt es sich dem Physiker zunächst nur als eine Information dar, nämlich als Information über die Möglichkeiten seiner Materialisierung als Welle oder als Teilchen. Und erst danach, beim Durchlaufen der Messapparatur, kommt es zu einer konkreten Manifestation auf der Fotoplatte, die hinter der Platte mit den beiden Spalten angebracht ist. Geht demnach Information der Manifestation voraus? Ist Information der »Urstoff des Universums«[18], wie Anton Zeilinger es in seinem erwähnten Buch *Einsteins Schleier. Die neue Welt der Quantenphysik* formulierte?

Oder besteht diese Information nur im Geist des Beobachters und hat mit der Wirklichkeit gar nichts zu tun? Ist die Schrödinger'sche Zustandsfunktion nur ein mathematisches Konstrukt, das es uns zu berechnen ermöglicht, welche Information die Natur je nach Versuchsaufbau von sich preisgibt? Anton Zeilinger argumentiert, dass es sich um mehr handeln muss. Denn die »Einschlagsorte« der einzelnen Photonen oder Elektronen auf der Fotoplatte sind völlig zufällig und arrangieren sich im Fall beider geöffneter Spalte erst nach einem langen Strom einzelner Teilchen zu den charakteristischen Streifenbildern. Es zeigt sich, dass diese Zufälligkeit durch keine tiefere Ursache erklärbar ist oder etwa nur unsere Unkenntnis eines deterministischen Phänomens widerspiegelt. Sie ist eine nicht weiter hinterfragbare Eigenschaft quantenmechanischer Prozesse. Anton Zeilinger kommentiert dies so: »Insbesondere die Tatsache, dass dieser Zufall objektiv ist, nicht durch eine tiefere Ursache erklärbar und daher unserem Einfluss in jeder Weise entzogen, deutet darauf hin, dass es etwas außerhalb von uns selbst gibt.«[19] Hinzu kommt, dass bei gleichem Versuchsaufbau alle Beobachter immer zu den gleichen Erkenntnissen kommen. »Diese Unbeeinflussbarkeit des Einzelereignisses und die Übereinstimmung aller Beobachter über das Ergebnis sind wahrscheinlich die stärksten Hinweise darauf, dass es eine von uns unabhängige Welt gibt.«[20]

Somit wäre auch die Information, die sich uns in dem beschriebenen Sinne als »Urstoff« dieser Welt darstellt, in gewisser Weise ebenfalls unabhängig von uns und ihr käme dementsprechend auch die Bedeutung einer objektiven Realität zu. Infolgedessen macht Zeilinger den radikalen Vorschlag, Wirklichkeit und Information seien dasselbe.[21] Es sei dahingestellt, wieweit man diesem Vorschlag folgen kann, wichtig ist an dieser Stelle nur die Feststellung, dass der Begriff der »Information« in der Frage nach der Wirklichkeit heutzutage einen ganz grundsätzlichen Stellenwert bekommen hat.

Bislang bezog sich diese Betrachtung aber nur auf die Natur der Grundbausteine des Universums und nur indirekt auf ihre Beziehungen untereinander, die physikalischen Gesetze. Offensichtlich handelt es sich bei diesen Gesetzen aber auch um Information, und damit rundet sich das Bild ab: Die Physik scheint Hinweise darauf zu liefern, dass sich die Wirklichkeit, wie sie als Materie und Energie in Raum und Zeit samt allen Naturgesetzen mit dem Urknall entstanden ist, ihrer ursprünglichen Erscheinung nach als Information darstellt. Wenn es so wäre, dann könnte dies auf ein denkendes Bewusstsein als Ursprung dieser Information hindeuten – ein weiterer Hinweis auf die Existenz eines Urhebers!

Erstaunlicherweise gibt es eine Aussage in der Bibel, die dieser Vermutung sehr nahekommt. Sie besagt, dass es im Anfang nichts als nur Information gab. Und erst aus oder vermöge dieser Information entstand alles. Im ursprünglichen Text liest es sich so: »Im Anfang war das Wort... Alle Dinge sind durch dasselbe gemacht, und ohne dasselbe ist nichts gemacht, was gemacht ist« (Johannes 1,1-3). Auch wenn mit dem Begriff »Wort« im biblischen Text unermesslich viel mehr gemeint ist als nur »Information«: Es ist hier eine Analogie zu dem merkwürdigen Verhalten der Elementarteilchen zu erkennen, die sich dem Physiker in dem erwähnten *Doppelspalt-Experiment* zunächst nur als eine Information über Möglichkeiten der Erscheinung darstellen und erst danach, beim Durchlaufen der Messapparatur, als konkrete Manifestationen auf der Fotoplatte. Im Sinne dieser Analogie könnte man dann im Anklang an die genannte Bibelstelle das Experiment folgendermaßen beschreiben: »Im Anfang gab es Information. Und dann wurde diese Information zu einer konkreten Manifestation.«

Auch wenn die Bibel alles andere als ein naturwissenschaftliches Buch ist: Kann es sein, dass in der Bibel – sozusagen als Nebenprodukt – ein tieferes Wissen über die Beschaffenheit der Natur enthalten ist, als man gemeinhin annimmt? Schon im Abschnitt über den Urknall hatten wir gesehen, dass die Bibel bereits vor vielen Tausend Jahren die Kernaussagen unseres modernen kosmologischen Modells kannte und diese heute gewissermaßen bestätigt. Kann es sein, dass diese Bestätigung nicht nur für unsere Erkenntnisse über den Makrokosmos gilt, sondern auch für die genannten Vermutungen zur Natur des Mikrokosmos? Und hätte die Bibel dann vielleicht auch die korrekte Antwort auf die weiter oben schon gestellte Frage, ob diese Natur nicht auch auf ein denkendes Bewusstsein, auf eine schöpferische Intelligenz als Ursprung dieser Information hindeutet, die Anton Zeilinger als »Urstoff des

Universums« bezeichnet? In der Tat lautet der genannte Satz im Johannesevangelium im vollen Wortlaut so: »Im Anfang war das Wort, und das Wort war bei Gott, und Gott war das Wort. Dasselbe war im Anfang bei Gott. Alle Dinge sind durch dasselbe gemacht, und ohne dasselbe ist nichts gemacht, was gemacht ist« (Johannes 1,1-3). Wie gesagt, hat das »Wort« in diesem Text eine weit umfassendere Bedeutung als nur »Information«. Im Urtext steht dort das griechische Wort Logos, das unter anderem auch die Bedeutung von »Definition« und »Vernunft« hat, was in der Tat auf diese schöpferische Intelligenz als Ursprung der Information, den Urstoff des Universums, hinweist – umso mehr, als das »Wort« ohnehin in dem Text mit dem Schöpfer gleichgesetzt wird.

Wie eingangs in diesem Kapitel gesagt, kann die Quantenphysik also durchaus eine Hilfestellung zum Verständnis dafür sein, dass hinter allem eine schöpferische Intelligenz stehen muss, wie in der Bibel festgehalten. Dass die Physiker den gedanklichen Sprung wagten und schließlich das für sie so ungewohnte und rätselhafte Bild der Elementarteilchen akzeptierten, die sich erst als Information über ihre Erscheinungsmöglichkeiten und dann als konkrete Manifestation erweisen, könnte eine Hilfe dafür sein, die zunächst ebenso ungewohnte biblische Aussage zu akzeptieren, dass es einen Urheber gibt, der sich zunächst als »Wort« darstellt und dann alles durch dieses Wort erschafft.

Der Physiker und Biologe Ernst Peter Fischer beschreibt in seinem Buch *Die Hintertreppe zum Quantensprung*, dass der bereits erwähnte Physiker und Nobelpreisträger Niels Bohr unermüdlich auf »die Notwendigkeit einer ständigen Verallgemeinerung der Begriffsbildung zur Einordnung neuer Erfahrungen« verwies. »Man muss damit rechnen, so betonte er, dass die Sprache und die Denkformen der Menschen dort versagen, wo sie sich nie bewähren mussten. Unser Denken ist deshalb offenzuhalten, damit wir auch in die Bereiche vordringen können, die nicht unserer direkten Erfahrung zugänglich sind.«[22] In Analogie dazu scheint es angebracht zu sein, auch in der Frage nach einem Verursacher des Daseins unser Denken ebenso offenzuhalten, damit wir in Bereiche vordringen können, die nicht unseren direkten Erfahrungen zugänglich sind. Dass hier doch eine Erfahrung möglich ist – allerdings nicht auf der Ebene unserer fünf Sinne – wird am Ende dieses Buches betrachtet.

Dieses »Offenhalten« unseres Denkens gilt in dem hier angesprochenen Zusammenhang insbesondere in Bezug auf die grundsätzliche Frage, ob es eine von der Materie unabhängige, bewusste und schöpferische Intelligenz gibt. Aus der Sicht des Materialismus gibt es das Bewusstsein oder einen Geist nicht als ein neben dem Materiellen selbstständig Existierendes. Bewusstsein bzw. Geist wird hier lediglich als emergentes Phänomen der Materie betrachtet. Dabei wird ein Phänomen dann als emergent bezeichnet, wenn es auf der Makroebene eines Systems erscheint, jedoch nicht auf der Mikroebene der Systemkomponenten. In diesem Sinne wird davon ausgegangen, dass das Bewusstsein emergent ist, da Menschen Bewusstsein haben, man aber nicht den einzelnen Teilen des Menschen Bewusstsein zusprechen kann. Anders ausgedrückt: Bei hinreichender Komplexität materieller Strukturen müssten sie die Eigenschaft eines Bewusstseins automatisch hervorbringen – ein Gedanke, der auch in Befürchtungen hinsichtlich der rasanten Entwicklung von Computern und der Künstlichen Intelligenz zum Tragen kommt. Es gibt jedoch keinen schlüssigen Grund dafür, dass materielle Teilsysteme, die nicht über Bewusstsein verfügen, in großer Ansammlung oder bestimmten Anordnungen in einem Gesamtsystem diese Eigenschaft plötzlich hervorbringen können. »Dass solche rein physischen Elemente, wenn sie in einer bestimmten Weise kombiniert werden, notwendig einen Zustand des Ganzen herstellen sollen, der nicht aus den Eigenschaften und Beziehungen der physischen Teile gebildet wird, wirkt gleichwohl wie Magie«[23], kritisiert der Philosoph Thomas Nagel in seinem bereits erwähnten Buch *Geist und Kosmos.*

Ohne auf dieses bereits seit Jahrtausenden ohne schlüssige Antwort diskutierte Leib-Seele-Problem weiter einzugehen, sei dazu nur noch eine kurze Überlegung aus der Sicht der Quantenphysik angefügt. Im Zusammenhang mit dem merkwürdigen Verhalten der Elementarteilchen im *Doppelspalt-Experiment* stellte sich im vorigen Kapitel die Frage, woher ein Photon oder Elektron »weiß«, dass nur ein Spalt geöffnet ist oder beide. Es sei dahingestellt, ob es zulässig ist, von einem »Wissen-Können« der Elementarteilchen zu sprechen, aber rein vom Phänomen her betrachtet, scheint der bereits erwähnte Satz des Physikers John Gribbin doch eine gewisse Berechtigung zu haben: »Die Elektronen wissen nicht nur, ob beide Löcher offen sind oder nicht, sie wissen auch, ob wir sie beobachten oder nicht.« Dieses »Wissen-Können« wäre dann sicher kein emergentes Phänomen, denn bei einem einfachen Elementarteilchen kann man kaum von einem System sprechen, dessen Komplexität so etwas wie die Fähigkeit zu einem Wissen-Können erst hervorgebracht hat. Der Gedanke liegt nahe, dass Bewusstsein auch ganz allgemein kein emergentes Phänomen der Materie ist.

Ohne den eher philosophischen Charakter der Überlegungen in diesem Kapitel zu verkennen, eröffnen diese doch zumindest die Denkmöglichkeit, dass Information der »Urstoff des Universums« sein könnte, wie Anton Zeilinger es formuliert, und dass dieser Urstoff eine von der Materie unabhängige Intelligenz voraussetzt – in einem geradezu unermesslichen, hinter allem stehenden Schöpfer.

DAS MAẞ-GESCHNEIDERTE UNIVERSUM

Seit etwa 50 Jahren gibt es eine Entdeckung, die unter Physikern, Philosophen und Theologen eine kontroverse Diskussion ausgelöst hat: Sie könnte die Folgerung noch einmal bestätigen, dass es ein »allumfassendes Bewusstsein« gibt, einen Urheber der Information, des Urstoffs alles Existierenden und speziell allen biologischen Lebens und letztlich des Menschen.

Feinabstimmungen im Universum

Zu ihrem Leidwesen mussten die Physiker zur Kenntnis nehmen, dass die Naturgesetze nicht ausreichen, um die Naturphänomene quantitativ vollständig zu beschreiben. Man braucht dazu zusätzlich nicht weiter hinterfragbare, zeitlich unveränderliche, zum Teil sehr seltsame Zahlenwerte, die sogenannten Naturkonstanten. Das »Leidwesen« der Physiker erklärt sich dadurch, dass die Zahlenwerte nicht erklärbar sind, sondern nur hingenommen werden können – im Gegensatz zu den Bemühungen der Naturwissenschaftler, für alles eine naturalistische Begründung zu finden.

Zu diesen Konstanten gehören zum Beispiel die Lichtgeschwindigkeit, die Planck'schen Konstante, die Gravitationskonstante oder die elektromagnetische Kopplungskonstante. Die genannte Entdeckung besagt nun, dass bereits winzigste Abweichungen in diesen Konstanten dazu geführt hätten, dass es uns Menschen nicht geben würde.

So würden zum Beispiel winzigste Abweichungen nach oben oder nach unten vom tatsächlichen Wert der elektromagnetischen Kopplungskonstante dazu führen, dass es keine Atome oder Moleküle gäbe. Denn diese Konstante bestimmt, wie fest Atomkerne die sie umschwirrenden Elektronen an sich binden. Wäre sie schwächer, dann könnten die Kerne keine Elektronen an sich binden, um mit ihnen Atome zu bilden, und wäre sie stärker, dann könnte es nicht zum Austausch von Elektronen zwischen Atomen und damit nicht zur Bildung von Molekülen kommen. Und da wir aus Atomen und Molekülen bestehen, würde es uns ebenfalls nicht geben.

Als weiteres Beispiel für diese genaue Abstimmung sei die Expansionsrate des Universums im Moment des Urknalls erwähnt: Einerseits darf sie nicht zu schwach sein, sodass das Universum nach wenigen Jahrmillionen wieder kollabiert, andererseits nicht zu stark und damit die Materieverteilung so dünn, dass die Entstehung von Sonnen und Galaxien verhindert wird. Diese Expansionsrate wird durch die Massendichte bestimmt, die infolge dieser Bedingungen zu Beginn des Universums mit einer unbegreiflichen Genauigkeit von 1 zu 10 hoch 57 mit der sogenannten *kritischen Dichte* übereingestimmt haben muss, sonst wären überhaupt keine Sonnensysteme und keine Galaxien entstanden, selbstredend auch unser Sonnensystem nicht. Eine neuere, allerdings noch nicht allseits akzeptierte Theorie, die sogenannte *Inflationstheorie* – sie ist zu komplex, um hier weiter detailliert werden zu können –, würde, wenn sie stimmen würde, diese Feinabstimmung überflüssig machen. Allerdings wäre dann eine andere Feinabstimmung nötig: die hochpräzise Einstellung der sogenannten *kosmologischen Konstante*. Ohne auch hier diesen Sachverhalt weiter erklären zu wollen, sei nur vermerkt: Selbst allerkleinste Abweichungen von ihrem Wert würden dazu führen, dass Raum und Zeit in unserem heutigen Universum derart stark »gekrümmt« wären, dass Sterne und Planeten und damit auch die Erde mit ihrem Leben nicht entstanden wären.

In diesem Sinne gibt es nun eine Feinabstimmung einer ganzen Reihe weiterer Naturkonstanten: Bei winzigen Änderungen ihrer Zahlenwerte wären die Voraussetzungen für die Entstehung von biologischem Leben nicht mehr gegeben. Könnte man bei nur einer der Naturkonstanten noch von Zufall sprechen, ist die Wahrscheinlichkeit einer zufälligen gleichzeitigen Feinabstimmung einer Vielzahl von Konstanten offensichtlich verschwindend gering. Ohne die nachfolgende Diskussion der verschiedenen Interpretationen dieser Merkwürdigkeit vorwegzunehmen: Man könnte fast meinen, dass hier bewusst gezielt wurde, damit Menschen heute die Erde bevölkern können!

Interessant ist auch, dass unser dreidimensionaler Raum auf die Existenz von Leben zugeschnitten zu sein scheint. So erweist es sich, dass die dem biologischen Leben zugrunde liegenden komplexen Strukturen – wie etwa der Blutkreislauf oder das Nervensystem mit sich überkreuzenden Bahnen – mehr als zwei Raumdimensionen erfordern. Bei mehr als drei Raumdimensionen lässt sich anderseits nachweisen, dass es dann keine stabilen Planetenbahnen und keine stabilen Atome geben kann. Selbst die uns geläufigen drei Dimensionen des Raumes erscheinen wie maßgeschneidert für unser Dasein!

Deutungen der Feinabstimmungen

Eine derartige »Maßanfertigung« verlangt nach einer Erklärung und eine Deutung dieser Feinabstimmungen ist unter der Bezeichnung *anthropisches Prinzip* bekannt geworden. Die heute vorhandenen Formulierungen dieses Prinzips können nach nicht teleologischen und teleologischen Interpretationen unterschieden werden, den sogenannten schwachen und starken *anthropischen Prinzipien*. Salopp formuliert lautet das Prinzip im ersten Fall: Weil wir existieren, gibt es diese Feinabstimmungen, und im zweiten Fall: Damit wir existieren, gibt es diese Feinabstimmungen.

Im ersten Fall wird argumentiert, dass es keinen Physiker gäbe, um diese Naturkonstanten zu ermitteln, wenn sie nicht zufällig die Werte hätten, die ihm das Leben und dadurch die Ermittlung der Konstanten ermöglichen. Eine planende Existenz, ein Urheber wäre aufgrund dieses Zufalls nicht nötig. Allerdings hinterlässt diese Argumentation einen Nachgeschmack. Sie beinhaltet nämlich eigentlich nichts anderes als eine Tautologie: Der Physiker kann die Natur beobachten, weil er die Möglichkeit hat, sie zu beobachten. Weil er existiert, kann er seine Existenzbedingungen erkennen.

Die entscheidenden Fragen indes, warum das Universum mit dieser ausgerechnet auf das Phänomen »Leben« abgestimmten Feinabstimmung ausgestattet ist und warum es so viele Feinabstimmungen sind, die alle gleichzeitig auf die Ermöglichung von Leben abzielen, bleiben unbeantwortet. Auch, warum diese Feinabstimmungen zeitlich unveränderlich sein müssen und es auch sind. Denn würden sie auch nur für eine Tausendstelsekunde irgendwann einmal in der langen Geschichte des Lebens von ihren Werten abweichen, dann wäre alles biologische Leben bis auf die letzte Mikrobe auf einmal ausgelöscht. Wir Menschen wären auf molekularer Skala zerstört!

Hier scheint also das starke *anthropische Prinzip* näherliegend zu sein und mithin sein Hinweis auf eine planende Intelligenz. Es ist verständlich, dass Physiker, die grundsätzlich nach einer naturalistischen Erklärung der Welt suchen, andere Deutungsmöglichkeiten erforschen. Dies schlägt sich zum Beispiel in der Hoffnung nieder, eines Tages eine umfassende »Theorie von allem« zu entwickeln, die auch die Existenz der Naturkonstanten erklärt. Allerdings sind solche Versuche bislang fehlgeschlagen und der Gedanke, dass es eines Tages solch eine Theorie geben würde, bleibt zurzeit Spekulation. Auch die Idee, dass rein zufällig entstandene Konfigurationen von ganz anderen Naturkonstanten zu ganz anderen, nicht kohlenstoffbasierten Formen von Leben führen könnten, und wir gerade das Los mit der kohlenstoffbasierten Variante gezogen haben, bleibt nicht beweisbare Spekulation. Eine weitere Überlegung ist, dass es parallel zu unserem eine ungeheure Vielzahl anderer Universen geben müsse, von denen eines dann zufällig die beschriebenen Feinabstimmungen mit der erforderlichen zeitlichen Unveränderbarkeit aufweisen würde. Das schwache Prinzip wäre dann so zu formulieren: Weil wir existieren, leben wir gerade in dem Universum, in dem zufälligerweise diese Feinabstimmungen gelten. Dann könnte man in der Tat von Zufall sprechen – aber um einen hohen Preis: Man muss daran glauben, dass es neben diesem ungeheuerlichen Weltall noch Zilliarden weiterer dieser Ungeheuerlichkeiten gibt! Denn beweisen kann man die Existenz dieser Paralleluniversen nicht. Es zeigt sich anhand prinzipieller Überlegungen, dass man die sogenannte *Multiversen-Hypothese* grundsätzlich nicht verifizieren kann. Man muss an sie glauben. Das gilt auch für den Fall, in dem man annimmt, dass die Expansion des Weltalls infolge der Gravitation irgendwann zum Stillstand kommt, sich umkehrt und das Weltall wieder auf eine Singularität zusammenschrumpft, um dann mit einem neuen Urknall wieder zu entstehen – und das in einer unendlichen Abfolge von immer neuen Universen mit jeweils unterschiedlichen Naturkonstanten. Auch diese Annahme lässt sich prinzipiell nicht beweisen, denn zumindest nach heutiger Kenntnis kann Information nicht von einem vorherigen Universum durch die Singularität des Urknalls hindurch in unseres gelangen. Wir könnten also von seiner Existenz niemals Kenntnis erhalten. Hinzu kommt, dass neueste astronomische Messungen zeigen, dass sich die Expansion des Weltalls nicht verlangsamt, sondern sogar beschleunigt!

Die Alternative bringt Max Tegmark, Physikprofessor am berühmten *Massachusetts Institute of Technology*, auf den Punkt: »Es gibt zwei mögliche Erklärungen (der Feinabstimmung): Entweder wurde das Universum von einem Schöpfer speziell für uns entworfen. Oder es gibt eine große Anzahl von Universen, jedes mit unterschiedlichen Werten der fundamentalen Konstanten, und wir befinden uns, was kaum überrascht, in einem Universum, in dem die Konstanten genau den richtigen Wert haben, um Galaxien, Sterne und Leben zuzulassen.«[24] Das heißt, falls man der *Multiversen-Hypothese* nicht glauben kann, wäre die Existenz eines Schöpfers die einzige Alternative. Das wäre das starke *anthropische Prinzip*.

Es ist übrigens bemerkenswert, mit welcher Vehemenz im Allgemeinen der Versuch gemacht wird, diese Alternative zu umgehen und das schwache Prinzip zu favorisieren. Die Möglichkeit der Existenz einer planenden Intelligenz scheint heutzutage derart abschreckend zu sein, dass man sich lieber in einen Glauben an die unbeweisbare Ungeheuerlichkeit einer *Multiversen-Hypothese* flüchtet. Wie der Physiker Peter Hägele in seinem bereits erwähnten Beitrag *Die moderne Kosmologie* erläutert, liegt der tiefere Grund für diese Aversion gegen die Vorstellung eines Verursachers dieser Feinabstimmung darin, dass hier »philosophische und weltanschauliche Vorentscheidungen ins Spiel kommen«. Es ist das vorgefasste Anliegen, den Boden des Naturalismus nicht zu verlassen und metaphysische Überlegungen und insbesondere die Frage nach Gott auszuklammern. In diesem Fall scheint es aber so, als ob hier der Boden des Naturalismus doch verlassen wird, wie Peter Hägele anmerkt: »Allerdings ist die Bemühung von prinzipiell nicht beobachtbaren Welten methodisch äußerst fragwürdig und selbst metaphysikverdächtig!«[25]

Jedoch gibt es gerade renommierte Physiker, die hier die Grenzen des Naturalismus zu erkennen scheinen. Freeman J. Dyson, einer der besten Physiker unserer Zeit, sagte: »Wenn wir in das Universum hinausblicken und erkennen, wie viele Zufälle in der Physik und Astronomie zu unserem Wohle zusammengearbeitet haben, dann scheint es fast, als habe das Universum gewusst, dass wir kommen.«[26] Immerhin hält es hier ein Physiker für möglich, dass es sich um ein Bewusstsein handeln kann, auch wenn er dieses noch im unbelebten Universum verortet.

Ein anderer Physiker, der berühmte Kosmologe Allan Sandage, ging hier weiter: Er wurde aufgrund dieses *anthropischen Prinzips* noch im fortgeschrittenen Alter Christ. So schrieb der Redakteur Olaf Stampf im *SPIEGEL* vom 12. 12. 1998: »Ein halbes Jahrhundert war Allan Sandage, 72, dem Alter des Universums auf der Spur. Vor etwa 15 Milliarden Jahren, so hat der Forscher schließlich aus dem Licht der Sterne errechnet, fing der ganze Schlamassel an. ›Mister Cosmology‹ nennen die Astronomen den großen Senior ihrer Zunft. Als Schwarmgeist ist der exakte Empiriker bisher nicht aufgefallen. Nun legte der weißhaarige Gelehrte (›Als junger Mann war ich praktizierender Atheist‹) ein überraschendes Glaubensbekenntnis ab. ›Die Erforschung des Universums hat mir gezeigt‹, so verkündete Sandage, ›dass die Existenz von Materie ein Wunder ist, das sich nur übernatürlich erklären lässt.‹«[27]

Feinabstimmungen im Sonnensystem

Es sei noch erwähnt, dass zu der bislang betrachteten Feinabstimmung der Naturkonstanten noch derart viele andere Zufälle in der Physik und Astronomie zu unserem Wohle zusammengearbeitet haben, dass man in der Tat geneigt ist, wie der Physiker Freeman J. Dyson von einem zugrunde liegenden Bewusstsein zu sprechen.

So ist es durchaus bemerkenswert, dass wir unsere energiespendende, kontinuierlich feuernde Atombombe namens Sonne in einem Abstand umkreisen, der gleichzeitig groß genug ist, dass wir nicht den Hitzetod sterben müssen, anderseits aber nicht so groß, dass wir zu Eis erstarren würden.

Und dies ist auch genau der Abstand, der eine mittlere Temperatur auf der Erde ermöglicht, bei der Wasser sowohl als Dampf als auch als Flüssigkeit existieren kann. Wie in einem früheren Kapitel erläutert, ist die Dampfform eine entscheidende Voraussetzung dafür, dass Wasser in Form von Wolken tonnenweise vom Meer ans Land befördert werden kann, um der Flora ihre Existenz und damit den Anfang unserer Nahrungskette zu ermöglichen. Diese Feinabstimmung in der Entfernung von der Sonne wäre übrigens Makulatur, wenn die Bahn der Erde eine ausgeprägte Ellipse wäre, auf der die Erde mal näher und mal weiter entfernt an der Sonne vorbeiziehen würde und die Temperaturen demzufolge wieder todbringende Extreme annehmen würden. Aber es handelt sich um eine nur äußerst schwach ausgeprägte Ellipse!

Aber auch bei der aktuellen Entfernung wäre die Hitze bald unerträglich, wenn wir ihr ohne Unterbrechung ausgesetzt wären. Glücklicherweise befinden wir uns aber auf einer rotierenden Kugel! Ihre Rotation wendet erhitzte Bereiche schnell genug der Eiseskälte des Weltalls zu, so dass es nicht zu lebensgefährlichen Überhöhungen der Temperaturen kommen kann. Anderseits ist die Rotationsgeschwindigkeit gerade derart auf die physikalischen Eigenschaften von Wasser abgestimmt, dass die Nachtphasen kurz genug sind, damit nicht weite Bereiche der Erde unter einer Eisdecke erstarren und biologisches Leben unmöglich machen würden.

Ein weiterer »Glücksfall« ist die Ozonschicht in der Erdatmosphäre. Sie blockiert einen großen Teil der Sonnenstrahlen und absorbiert ultraviolette Anteile der Strahlung und bewahrt so die Zellen von Tieren und Pflanzen vor der Zerstörung und die Haut des Menschen vor lebensgefährlichen Schädigungen.

Dazu kommt ein weiterer »Zufall«, ein Schutzschild ganz besonderer Art, ohne den die Menschheit mit genetischen Defekten und Krebs verseucht wäre und kaum lebensfähig wäre. Die Erde ist mit einem Magnetfeld umgeben, das den lebensbedrohlichen hochenergetischen Strom von Atomkernen und Elektronen, den die Sonne ununterbrochen ausspeit, an der Erde vorbeileitet.

Die genannte Feinabstimmung der Entfernung der Erde zur Sonne hat allerdings einen Haken: Stünde die Rotationsachse der Erde senkrecht zur Bahnebene, auf der sie die Sonne umkreist, dann wären die Polregionen permanent so weit von der Sonne entfernt, dass sie ständig vereist wären, und diese Eisregionen könnten sehr große Ausmaße erreichen und in Richtung Äquator wachsen. Der Neigungswinkel der Rotationsachse zu ihrer Bahnebene beträgt indes 23 Grad und dadurch kommen auch die Polregionen periodisch in den Genuss einer stärkeren Sonneneinstrahlung, was die Bildung riesiger Eiswüsten verhindert. Gleichzeitig kommen dadurch unsere Jahreszeiten und Klimazonen zustande, in denen sich die Vielfalt des Lebens entfalten konnte.

Normalerweise würde die Erde in dieser »Schieflage« allerdings allmählich ins Taumeln geraten. Dies wird jedoch durch einen unverhältnismäßig großen Mond verhindert, dessen Gravitationswirkung unseren Planeten stabilisiert. Und schließlich sei noch erwähnt, dass neben diesem auch ein anderer Himmelskörper eine wichtige Rolle für unser Überleben spielt: Der Jupiter – obwohl im Schnitt 770 Millionen Kilometer von der Erde entfernt – hält Kometen und andere gefährliche kosmische Vagabunden auf effektivste Weise von der Erde fern, da seine gewaltige Masse – um einen Faktor 300 größer als die der Erde – wie ein »Gravitationsstaubsauger« fungiert, der Kometen und Meteoriten »einsammeln« kann, bevor sie uns treffen können.

Mittlerweile ist es gelungen, andere Sterne mit Planeten im Weltall zu finden. Es sei dahingestellt, wie viele solche Sterne es gibt, aber angesichts der Vielzahl, der zeitlichen Konstanz und der erforderlichen Präzision der oben genannten lebensbedingenden Faktoren ist es fraglich, ob ein derart lebensbejahender Planet wie die Erde rein zufällig entstanden sein könnte. In keiner Weise zurückzuführen auf einen Zufall ist aber der Umstand, dass die Naturgesetze so beschaffen sind, dass eine derartige Konstellation an lebensbedingenden Faktoren überhaupt zustande kommen konnte.

Insgesamt stehen wir vor dem verblüffenden Zusammenspiel einer so großen Anzahl von für unsere Existenz wohlmeinenden Zufällen – um noch einmal mit Freeman J. Dyson zu sprechen –, dass die Hinweise der vorangegangenen Kapitel auf eine bewusste Intelligenz als Ursprung unserer Existenz hier zweifellos eine weitere Unterstützung erfahren.

DIE BIBEL BESTÄTIGT DIE PHYSIK

Die den bisherigen Betrachtungen vorangestellte Unterstellung, als Christ müsse man Dinge für wahr halten, die im Widerspruch zu naturwissenschaftlichen Erkenntnissen stehen, erscheint nun sicher in einem anderen Licht. In der Tat scheinen die Erkenntnisse der modernen Physik die biblischen Aussagen mit naturwissenschaftlichem Bezug eher zu bestätigen, als ihnen zu widersprechen. Bemerkenswert ist dabei, dass nicht die biblischen Aussagen umgeschrieben werden mussten, sondern die Physik sich in ihrer Selbstrelativierung immer mehr der Bibel angenähert hat. So gesehen kann man sagen, dass nicht die Physik die Bibel bestätigt, sondern die Bibel umgekehrt der modernen Physik bescheinigt, dass sie nun endlich auf dem richtigen Weg ist!

Im Folgenden sollen die wesentlichen Ergebnisse der bisherigen Betrachtungen einmal unter diesem Blickwinkel zusammengefasst werden, auch wenn es dabei zum Teil zu Wiederholungen früherer Aussagen kommt, die allerdings unter diesem Gesichtspunkt eine ganz neue Bedeutung bekommen.

Die Aussagekraft naturwissenschaftlicher Erkenntnisse

Hierfür erscheint es angebracht, zunächst den Prozess und die Art der Ergebnisse naturwissenschaftlicher Forschung noch einmal unter die Lupe zu nehmen. Grundsätzlich gilt, dass die Naturwissenschaften empirische Wissenschaften sind. Ihre Arbeit, speziell die der Physik, besteht darin, Naturphänomene zu beobachten, die Beobachtungsergebnisse zu protokollieren und in den protokollierten Daten Ordnungen zu entdecken, die sich als mathematische Gesetze, den sogenannten physikalischen Modellen, beschreiben lassen,

Dass es solche Ordnungen gibt und der Mensch überhaupt in der Lage ist, sie zu erkennen, und dass es gerade diese und nicht andere Ordnungen sind, die der Physiker vorfindet – all das ist nicht Gegenstand seiner Forschung: Dies alles bleibt ihm ein Rätsel. Nicht er erklärt die Natur, sondern die Natur erklärt ihm etwas von ihrer Beschaffenheit. Je feiner seine Beobachtungsmethoden, desto mehr gibt sie von sich preis, und immer wieder muss er dementsprechend seine bisherigen physikalischen Modelle erweitern oder mitunter sogar verwerfen und durch andere Modelle ersetzen, um den neuen empirischen Erkenntnissen gerecht zu werden. Die Physik erklärt nichts; sie beschreibt nur Phänomene, deren Vorgegebenheit ihr nach wie vor ein Rätsel bleibt. Sie findet Gesetze, die schon lange existierten, bevor sie überhaupt entdeckt wurden. »Wissenschaftliche Theorien liefern Beschreibungen der Wirklichkeit, sie begründen diese Wirklichkeit nicht«, bestätigen auch Paul Davies und John Gribbin in ihrem Buch *Auf dem Weg zur Weltformel.*[28]

Wie im ersten Kapitel schon erwähnt, gelang der Physik immer dann wieder ein Durchbruch, wenn man sich auf diesen bescheideneren Anspruch zurückbesann, nur empirisch tatsächlich vorgefundene Phänomene zu beschreiben, und wenn man vorgefasste Meinungen über die Natur dieser Phänomene über Bord warf. Erst als Einstein das rätselhafte Phänomen ernst nahm, dass die Messung der Lichtgeschwindigkeit immer den gleichen Wert ergibt, auch wenn das Licht von einer gegenüber dem Beobachter schnell bewegten Lichtquelle ausgesendet wird, konnte er die *Spezielle Relativitätstheorie* entwickeln. Erst als Schrödinger und Heisenberg sich von der Idee lösten, dass Atome im Sinne der klassischen Mechanik zu erklären wären, sondern sich nur noch strikt an die sehr ungewöhnlichen empirischen Befunde hielten, entwickelten sie die Grundlagen der Quantenphysik. Interessanter- und bezeichnenderweise entwickelte übrigens jeder von ihnen ein anderes mathematisches Modell. Daran wird noch einmal deutlich, dass der Prozess der Theoriebildung der Beobachtung nachgeschaltet ist und sogar zu unterschiedlichen Beschreibungen führen kann. Zuerst kommt die Beobachtung, dann der Versuch einer Beschreibung. Wie bereits erwähnt, konnte Schrödinger später nachweisen, dass beide Beschreibungsmodelle der Quantenphysik einander äquivalent sind.

Dass die Physik den populärwissenschaftlichen Nimbus des »Alles-erklären-Könnens« bekommen hat, hängt, wie bereits erwähnt, damit zusammen, dass Naturphänomene anhand der gefundenen physikalischen Modelle korrekt beschrieben und berechnet werden können, auch wenn sie nicht direkter Gegenstand der experimentellen Untersuchungen waren, die zu diesen Modellen geführt hatten. Dabei handelt es sich aber lediglich um die widerspruchsfreie Verallgemeinerung der ursprünglich gefundenen und staunend zur Kenntnis genommenen Naturgesetze auf eine über den experimentellen Bereich hinausreichende Domäne der Natur. Naturgesetze entpuppten sich als universell gültige Beschreibungen der Phänomene. Während beispielsweise die *Spezielle und Allgemeine Relativitätstheorie* lediglich anhand besonderer Experimente auf der Erde überprüft wurden, werden ihre Ergebnisse auch auf das Verhalten von Sternen angewandt und ermöglichen die Berechnung der Eigenschaften von Galaxien, die erstaunlich gut mit den astronomischen Beobachtungen übereinstimmen. Die populärwissenschaftliche Vorstellung, damit würde die Physik das Verhalten der Sterne »erklären«, übersieht, dass die Grundlage dieses vermeintlichen Erklärens das nach wie vor rätselhafte Verhalten der Natur ist. Das gab es schon immer, lange bevor Einstein es entdeckte, staunend zur Kenntnis nahm und in seinen Theorien beschrieb.

Allein aus diesen Überlegungen sollte schon deutlich werden, dass die Physik und mit ihr letztlich alle Naturwissenschaften nicht die maßgeblichen Instanzen sein können, die Glaubwürdigkeit der Bibel zu beurteilen, sondern dass eher umgekehrt die Bibel Hinweise darauf geben kann, ob die Naturwissenschaft mittlerweile auf dem richtigen Weg ist. Dass diese Vermutung durchaus ernst zu nehmen ist, zeigen die folgenden Beispiele.

Der Urstoff des Universums

Das Johannesevangelium beginnt, wie bereits erwähnt, mit den Sätzen: »Im Anfang war das Wort, und das Wort war bei Gott, und Gott war das Wort. Dasselbe war im Anfang bei Gott. Alle Dinge sind durch dasselbe gemacht, und ohne dasselbe ist nichts gemacht, was gemacht ist.«

Auch wenn im Kontext dieser Verse das griechische Wort *Logos*, das mit »Wort« übersetzt ist, eine wesentlich größere Bedeutung hat, so enthält dieses Wort auch die Bedeutung von »Information«. Verwendet man anstelle der deutschen Übersetzung für *Logos* das Wort »Information«, so erhält man, wie bereits beschrieben, die Aussage: »Im Anfang war die Information … Alle Dinge sind durch dasselbe gemacht, und ohne dasselbe ist nichts gemacht, was gemacht ist.«

Aus der Sicht der klassischen Physik kam dieser Aussage keine wissenschaftliche Bedeutung zu. Man ging von Materie als fester Substanz aus und der Gedanke an Information als *Urstoff des Universums*, wie Anton Zeilinger es nannte, war gänzlich ausgeschlossen. Den genannten Sätzen der Bibel mehr als eine allegorische Bedeutung beizumessen, stand also im Widerspruch zur damaligen Physik. Umgekehrt könnte man aber auch sagen, dass die biblischen Aussagen, in einer naturwissenschaftlichen Bedeutung gesehen und ernst genommen, ein Defizit in der damaligen Physik aufzeigten. In diesem Sinne konnte die Bibel die damalige naturwissenschaftliche Erkenntnis über das Wesen der Materie noch nicht bestätigen.

Diese Bestätigung zeichnete sich erst mit der Entwicklung der Quantenphysik ab, wonach sich Materie bei genauerem Hinsehen immer mehr als Aussage oder Information entpuppt: »Hier ist etwas«, eine Potenzialität, wie der Physiker Hans Peter Dürr sich ausdrückte, etwas, das sich je nach Beobachtungsmethode als das eine oder andere, als Welle oder Teilchen manifestieren kann. Materie scheint sich im Ursprung als Information über verschiedene Möglichkeiten ihrer Manifestation zu erweisen. Die ersten Sätze im Johannesevangelium erscheinen jetzt in gewisser Weise wie eine Bestätigung dieser Auffassung. Dies gilt auch für andere Bibelstellen wie beispielsweise die Aussage von Paulus an seine Gemeinde in Rom, wenn er von Gott sagt, er »ruft das, was nicht ist, dass es sei« (Römer 4,17). Durch Rufen und Sprechen entsteht das Existierende. Noch deutlicher ist dies in der Schöpfungsgeschichte am Anfang der Bibel zu erkennen. Dort heißt es zu Beginn jeder einzelnen der sechs Schöpfungsphasen: »Gott sprach«. Gott erschuf, indem er sprach. Information ist hier Ausgangspunkt von Geschaffenem, ebenso wie die in der Schrödinger'schen Zustandsfunktion enthaltene Information Ausgangspunkt der konkreten Manifestation von Elementarteilchen ist.

Die Erschaffung des Weltalls

Die Bibel bestätigt ferner die Richtigkeit einer für die Physiker zunächst sehr schwer verdaulichen dreifachen Erkenntnis: dass das Weltall nicht statisch und ohne Anfang ist, sondern vor endlicher Zeit einen Anfang hatte, dass vor diesem Anfang Raum und Zeit keine Bedeutung hatten, sondern mitsamt Materie und Energie erst mit diesem Anfang entstanden sind, und dass das Weltall sich seitdem ausdehnt.

Gleich der erste Satz der Bibel lautet, wie schon erwähnt: »Im Anfang schuf Gott Himmel und Erde.« Es gab einen Anfang. Diese erst seit etwa 60 Jahren endgültig verifizierte Erkenntnis der Physik wird also in diesem Bibelvers bestätigt.

Die Entstehung aus einem Anfang, in dem Raum, Zeit, Materie und Energie noch nicht vorhanden waren, findet man durch den bereits erwähnten Vers des Hebräerbriefes bestätigt, »dass die Welt durch Gottes Wort geschaffen ist, dass alles, was man sieht, aus nichts geworden ist«.

Schließlich erfährt die von der Einstein'schen *Allgemeinen Relativitätstheorie* vorhergesagte und vom Astrophysiker Edwin Hubble entdeckte Expansion des Weltalls durch viele Stellen des Alten Testaments ihre Bestätigung – etwa durch die Verse beim Propheten Jesaja: Gott »spannt den Himmel aus wie einen Schleier und breitet ihn aus wie ein Zelt« (Jesaja 40,22), und: »Gott, der Herr, der die

Himmel schafft und ausbreitet« (Jesaja 42,5) oder im Buch Hiob: »Er allein breitet den Himmel aus« (Hiob 9,8) oder in den Psalmen: »Du breitest den Himmel aus wie ein Zelt« (Psalm 104,2) – um nur einige Beispiele zu nennen.

Die öfter in Laienkreisen und insbesondere unter Evolutionisten zu hörende Behauptung, dass man aus der Entdeckung dieses Entstehungsaktes – vom Atheisten Fred Hoyle einst despektierlich als *Urknall* bezeichnet – folgern müsse, dass alles per Zufall entstanden ist, würde heute kaum ein Physiker unterschreiben. Der tiefere Grund hierfür liegt, wie bereits beschrieben, in der Eigentümlichkeit dieses als *Urknall* bezeichneten Anfangszustandes: Materie, Energie, Raum und Zeit entstanden erst mit dem Urknall. Der Begriff des Zufalls ergibt aber nur Sinn in Bezug auf in Raum und Zeit bereits vorhandene Dinge oder Prozesse, nicht in Bezug auf das (noch) nicht Vorhandene. »Vor« dem Urknall gab es jedoch nichts, worauf sich der Zufall als Verursacher von allem hätte beziehen können.

Auch die von manchen Physikern vermutete Entstehung des Weltalls infolge einer (unerklärlichen) Asymmetrie in der spontanen Teilchen/Antiteilchen-Paar-Erzeugung aus dem Quantenvakuum, wodurch Teilchen keine Antiteilchen vorfanden, mit denen sie sich hätten wieder vernichten können, greift nicht. Denn auch dieses Quantenvakuum mitsamt seinen Naturgesetzen ist bereits ein Gebilde in Raum und Zeit, ist bereits ein Verursachtes, und kommt daher als Verursacher für das Raum/Zeit-Kontinuum des Weltalls nicht infrage.

In analoger Weise greift auch die Folgerung des Physikers Stephen Hawking zu kurz, dass das Weltall spontan entstanden sein muss, weil es ein Gesetz wie das der Gravitation gibt. Denn auch dieses Gesetz ist bereits ein innerer Aspekt des Weltalls und nicht seine Ursache.

Die Entwicklung der Erde

War man früher allenthalben davon ausgegangen, dass die Erde mitsamt Flora und Fauna mehr oder weniger immer schon so aussah wie heute, weiß die Naturwissenschaft erst seit etwa 200 Jahren, dass die Entwicklung der Erde etappenweise vonstattenging. Diese Erkenntnis wird von der biblischen Schöpfungsgeschichte voll und ganz bestätigt: Es gab eine schrittweise Entwicklung.

Ferner bescheinigt die Bibel der heutigen Naturwissenschaft, dass ihre Ansicht darüber, was sich in den einzelnen Etappen abspielte, korrekt sein kann. Dass die Bibel genau das beschreibt, was diese neueren Forschungsergebnisse besagen, kann allerdings nicht in allen Fällen eindeutig konstatiert werden. In diesen Fällen sind die biblischen Aussagen lediglich mögliche Bestätigungen der naturwissenschaftlichen Entdeckungen.

So scheint die biblische Beschreibung des chaotischen Anfangszustandes der Erde die heutige naturwissenschaftliche Erkenntnis zu bestätigen, dass sich die Erde aus einem unwirtlichen Protoplaneten entwickelt hat. Dass es laut Bibel plötzlich hell wurde, scheint das heutige naturwissenschaftliche Verständnis des Phänomens zu bestätigen, dass die Sonne als Wasserstoffbombe zündete. Dass ein Erscheinen der Gestirne in dieser Anfangsphase noch nicht erwähnt wird, scheint eine Bestätigung des heutigen Wissensstands zu sein, dass die Erde von einer dichten Ur-Atmosphäre umgeben war, die für die Gestirne noch intransparent war und Licht nur als diffuse Helligkeit durchließ. Die Trennung des Wassers in Bereiche über und auf der Erde bestätigt in diesem Fall allerdings eindeutig das heutige Wissen über das teilweise Abregnen der Atmosphäre infolge der Abkühlung des Protoplaneten. Dass laut Bibel erst jetzt Land entstand, bestätigt ebenso eindeutig das heutige Verständnis, dass die Erde zunächst komplett mit einem Urmeer bedeckt war und Land sich erst nach und nach infolge tektonischer und vulkanischer Prozesse aus dem Wasser hob. Dass das Erscheinen der Gestirne erst in der vierten Etappe beschrieben wird, kann als Bestätigung der heutigen naturwissenschaftlichen Erkenntnis gedeutet werden, dass die Atmosphäre durch weiteres Abregnen infolge der zunehmenden Abkühlung des Planeten allmählich für die Gestirne transparent wurde. Die biblische Beschreibung der Entstehungssequenz von Fischen, Tieren und Menschen bescheinigt der neueren paläontologischen Forschung, diese Abfolge mittlerweile auch korrekt erkannt zu haben.

Für die Zeitangaben gibt es allerdings, wie bereits erwähnt, keine unmittelbare Bestätigung der naturwissenschaftlichen Vorstellungen, wenn man die biblischen Zeitangaben für die einzelnen Etappen als 24-Stunden-Tage interpretiert. Eine genaue Analyse der entsprechenden hebräischen Worte könnte die Diskrepanz sehr wahrscheinlich auflösen. Aber auch wenn hier der Gedanke einer biblischen Bestätigung geologischer und paläontologischer Entdeckungen noch nicht durchgängig zum Tragen kommt, ist es schon sehr bemerkenswert, wie offensichtlich er in allen anderen Fällen zutrifft.

Bemerkenswert ist ferner, dass die Bibel nicht nur Aussagen zur Frühgeschichte der Erde macht, sondern auch über ihre zukünftige Entwicklung, von der zur Zeit ihrer Niederschrift noch kein Mensch etwas geahnt haben konnte. So wird zum Beispiel im letzten Buch der Bibel die Verschmutzung der Meere und ein großes Fischsterben vorhergesagt (Offenbarung 16,3), ferner die Verschmutzung des Trinkwassers (Offenbarung 16,4) und ein starker Anstieg der Temperatur, der den Menschen zu schaffen machen würde (Offenbarung 16,8) – alles Phänomene, deren Manifestation sich erst in heutiger Zeit abzuzeichnen scheint.

Fazit

Dass es nicht die Naturwissenschaft ist, die Fehler in der Bibel aufdeckt, sondern dass umgekehrt die Bibel der modernen Naturwissenschaft bescheinigt, früher »danebengelegen« und erst heute den richtigen Weg eingeschlagen zu haben, ist ohne Frage ein ernst zu nehmender Hinweis auf die Glaubwürdigkeit der Bibel und damit gleichzeitig auch auf ihre Grundaussage, dass es einen Schöpfer gibt. Insbesondere gibt zu bedenken, dass die Bibel Phänomene beschreibt, von denen die Autoren schlechterdings keine Kenntnis haben konnten, weil sie sich weit vor ihrer Zeit abspielten, wo es noch keine Menschen gab, oder die noch weit in der Zukunft lagen. Vor dem Hintergrund dieser Betrachtungen stellt sich in der Tat die Frage, ob die Bibel nicht recht hat mit ihrer Selbstbewertung, dass sie nicht das Werk des menschlichen Geistes ist, sondern tatsächlich die Information des Schöpfers des Universums an den Planeten Erde (2. Petrus 1,21).

Die eingangs angesprochene Unterstellung, dass man als Physiker kaum Christ sein kann, weil man Dinge für wahr halten müsse, die im Widerspruch zu den heutigen, gesicherten Erkenntnissen stehen, erscheint nun nicht nur in einem anderen Licht, sondern mutiert geradezu zu einer Begründung, weshalb man auch als Physiker Christ sein kann.

KI, ROBOTIK UND DAS EVANGELIUM

Die Betrachtungen der bisherigen Kapitel sind zweifellos ein ernst zu nehmender Hinweis darauf, dass es einen Schöpfer gibt und dass dieser Schöpfer tatsächlich der Urheber der biblischen Schriften ist. Allerdings beziehen sich diese Betrachtungen nur auf naturwissenschaftliche Aspekte, die in der Bibel lediglich Themen am Rande sind, sozusagen als begleitende Untermauerungen der Glaubwürdigkeit der Bibel für zukünftige Generationen, die tiefere Einblicke in die Natur bekommen würden, und die sich auf derart überraschende Weise als Bestätigung biblischer Aussagen erweisen sollten. Die eigentlichen Aussagen der Bibel wurden bislang aber nicht berührt, und es stellt sich die Frage, ob die moderne Physik nicht auch Bestätigungen der Kernaussagen des Evangeliums liefern könnte.

Die Antwort ist »ja«, aber nicht auf direktem Wege, sondern über den Umweg eines neuartigen technischen Erzeugnisses dieser Physik, das gewissermaßen als Basis für ein modernes Gleichnis dieser eigentlichen Bedeutung des Christseins herangezogen werden kann: es handelt sich um Roboter, die mit *Künstlicher Intelligenz (KI)* begabt sind.

Dabei handelt es sich also nicht um die üblichen Industrieroboter, die in großen Hallen Autos zusammenbauen – obwohl auch diese mittlerweile mit immer mehr Intelligenz ausgestattet sind –, sondern um humanoide Dienstleistungsroboter, die in Krankenhäusern arbeiten, als Putzhilfe in Privathaushalten ihren Dienst tun oder pflegebedürftige Menschen in ihren eigenen vier Wänden versorgen. Zum besseren Verständnis dieses Gleichnisses sei zunächst etwas tiefer auf die Charakteristika intelligenzbegabter Roboter eingegangen. Der Vergleich mit dem Menschen bereitet den Analogiesprung vor, der zum Schluss die Pointe des Gleichnisses darstellen wird.

Sensomotorik

Humanoide Roboter sind wie Menschen zunächst sensomotorische Wesen. Das ist die Hardware. Sie umfasst Sensoren, wie zum Beispiel CCD-Kameras, Laser-Radar-Sensoren, Berührungs- und Temperatursensoren. Auf der motorischen Seite gibt es heutzutage humanoide Roboter, die mit drei- bis fünffingrigen Händen ausgestattet sind und mit Beinen, mit denen sie nicht nur gehen, sondern auch Treppen steigen, über Hindernisse springen und Purzelbäume schlagen können. Ein drittes Element vervollständigt das sensomotorische System: ein Mikroprozessor, der die sensorischen Signale umrechnet in Kommandos an die Motorik. Das entspricht auch dem »Basis-Aufbau« eines Menschen: Auch hier hat man die Sensoren, die Motorik und den Mikroprozessor – Letzteren in Gestalt des Gehirns und der Steuerungszentren in der Darm-Region. Auch wenn man hier weniger von Hardware sprechen würde, sind diese biologischen Computer aber funktional gesehen vergleichbar mit den Mikroprozessoren der Roboter, wenn auch um ein Unendliches komplexer und leistungsfähiger.

Information

Um zu einem intelligenten Wesen zu werden, reicht das noch nicht. Roboter und Mensch brauchen dazu Information.

Im Falle des Roboters ist dies die Software, die im Mikroprozessor abläuft. Genau genommen ist die Information in sogenannten Bits in der Struktur der Speicher des Mikroprozessors codiert: als Schalterstellungen von Milliarden winziger Schalter. In den Software-Programmen sind die Schalterkonfigurationen lediglich in einer für den Menschen verständlichen Sprache beschrieben.

Grob gesprochen besteht diese Software aus drei Modulen: Das wichtigste Modul ist die Typenbeschreibung. Hier wird die Aufgabe und der Handlungsrahmen des Roboters festgelegt. Die Aufgabe könnte zum Beispiel sein, dass er seinem »Herrchen« Dinge herbeiholt, wie zum Beispiel eine Flasche Bier zum Feierabend. Der Handlungsrahmen könnte dabei die Vorgabe sein, niemals mit einem Menschen zu kollidieren. Ein weiteres Modul sei als Interaktionsmodul bezeichnet. Hier ist der Großteil der Intelligenz lokalisiert. Dazu zählen aufwendige Algorithmen, um beispielsweise die Videosignale der CCD-Kameras zu interpretieren und im Wust der optischen Informationen etwa die besagte Flasche Bier und deren Position zu erkennen. Ferner gibt es Algorithmen, die ähnlich wie in einem Navigationssystem die unterschiedlichen Wege berechnen, um etwa zu dieser Flasche Bier zu kommen, diese miteinander vergleichen und sich für den optimalen Weg entscheiden. Das Gleiche gilt auch für die Planung anderer Aktionen, wie zum Beispiel des Greifvorganges. Das sind sozusagen die Denkprozesse des Roboters, die unter der Maßgabe der *Typendefinition* ablaufen. Das dritte Modul ist eine Datenbank. Sie enthält die ab Werk mitgegebenen Kenntnisse, und hier werden auch später erlernte Fähigkeiten abgespeichert, wie noch erläutert werden wird.

Im Unterschied zum Roboter wird die Information beim Menschen nicht als Schalterstellungen von Milliarden winziger Schalter im Speichermodul des Mikroprozessors codiert, sondern in Trilliarden von Verbindungen zwischen den Nervenzellen der neuronalen Struktur des Gehirns und den Steuerungszentren des Darms, wie im Kapitel zur Evolutionstheorie erläutert wurde. Auch hier kann man eine funktionale Dreiteilung identifizieren. Die Typenbeschreibung des Roboters ist in etwa das Pendant zu Wesen und Art des Menschen. Anstelle von Zielsetzung und Aufgaben könnte man vielleicht den Sinn des Menschen setzen, und anstelle des Handlungsrahmens das Gewissen. Anstelle des Interaktionsmoduls hat man den Verstand und an Stelle der Datenbank das Erinnerungsvermögen des Menschen.

Bewusstsein

Um handlungsfähig zu sein, reichen Sensomotorik und Information allein allerdings immer noch nicht aus. Die Information muss auch wahrgenommen werden, damit eine Reaktion auf sie erfolgen kann. Beim Menschen handelt es sich hier um das Bewusstsein. Beim Roboter würde man zunächst nicht vermuten, dass es auch hier etwas Ähnliches geben könnte. Im Kapitel *Information und Wirklichkeit* wurde jedoch schon beschrieben, dass es auf quantenmechanischer Ebene in gewisser Weise auch so etwas wie das Phänomen der Wahrnehmung von Information gibt. So stellte sich dort die Frage, wie ein Elektron in dem *Doppelspalt-Experiment*

»wissen« kann, ob nur ein Spalt geöffnet ist oder beide. Wie immer man dieses Phänomen bezeichnen will: Offenbar muss das Elektron auf irgendeine Weise den Zustand der Spalte »erkennen« und zeigt sich je nachdem einmal als Welle und einmal als Teilchen.

So bestehen die »Augen« des Roboters, die CCD-Kameras, aus zahllosen winzigen Zellen, in denen Elektronen in gewisser Weise »spüren«, ob Licht einfällt oder nicht. Falls kein Licht einfällt, tun sie nichts. Sowie Licht einfällt, reagieren sie. Sie nehmen die Energie des Lichts auf und leiten die dabei entstehenden elektrischen Ladungen an das Interaktionsmodul weiter, wo die anschließende Verarbeitung dieser Ladungen zu kompletten Bildern der Umgebung abläuft.

Ob man das Verhalten der Elektronen als ein »Spüren des Lichts« oder als Reaktion auf das Licht bezeichnet, ist dabei unerheblich; das Phänomen ist hinsichtlich seiner Wirkung als auch seiner Rätselhaftigkeit ein »Wahrnehmen«, und kein Physiker weiß, warum Elektronen ihre Energie in gewissen gequantelten Portionen durch einfallendes Licht erhöhen und dann wieder abgeben können. Nur dass es möglich ist, und nach welchen Gesetzen es abläuft, hat man entdeckt.

Dieses Prinzip einer Wahrnehmung auf elementarer Ebene ist auch die Grundlage der Funktion aller anderen Sensoren des Roboters und auch seines Mikroprozessors, und ermöglicht es dem Roboter im Zusammenspiel dieser Komponenten, auf seine Umwelt zu reagieren. Das Licht, das etwa von einer Flasche Bier auf die CCD-Kameras eines Roboters fällt, führt wie beschrieben zu einer Abfolge von Ladungen oder elektrischen Impulsen, die an die Milliarden miniaturisierter Schalter im Rechenwerk des Mikroprozessors geschickt werden. Diese »spüren« je nachdem, ob sie offen oder geschlossen sind, ob sie die Impulse zum nächsten Schalter durchlassen können oder nicht, und schleusen die Impulse auf diese hochverästelte Weise schließlich an diverse Schalter, die Strom dergestalt auf die Motoren des Roboters leiten, dass er sich in Richtung der Flasche Bier in Bewegung setzt.

Ebenso beruht die Funktion des menschlichen Auges mit seinen Millionen lichtempfindlichen Rezeptoren, den *Zäpfchen* und *Stäbchen*, auf diesem »elementaren Bewusstsein«, und Analoges gilt auch für alle anderen Sinnesorgane des Menschen als auch für die Prozesse in seinem Gehirn und die unbewusst ablaufenden Vorgänge wie zum Beispiel die Verdauung oder die Steuerung der Körpertemperatur.

Während beim Roboter nur die Elektronen diejenigen Einheiten sind, die in dem beschriebenen Sinne etwas wahrnehmen können – und zwar jedes für sich – und der Roboter daher nie über dieses elementare, lokale Bewusstsein hinauskommen kann, verfügt der Mensch über eine weitere wahrnehmende Instanz, die ihn eindeutig vom Roboter unterscheidet: das menschliche Bewusstsein. Hier handelt es sich nicht um einzelne wahrnehmende Instanzen, die lokal auf die Zilliarden einzelner Elektronen verteilt sind, sondern um eine einzige Instanz, die in der Lage ist, Phänomene auf globaler Ebene wahrzunehmen: ganze Objekte, Bilder, Gerüche, Gedanken, Gefühle usw. – ein Umstand, der unter anderem sicherlich auch zur Entstehung des Ichgefühls beiträgt. Während jedes Elektron nur seine mikroskopische Umgebung wahrnimmt, hat der Mensch durch diese Instanz Zugang zu dieser viel umfassenderen Wahrnehmungsebene. Dafür kann er aber die elementaren Prozesse, wie etwa die eigene Verdauung, nicht mehr wahrnehmen – diese laufen »unbewusst« ab –, die zentrale Instanz wäre damit ohnehin hoffnungslos überlastet.

Künstliche und natürliche Intelligenz

Wie beschrieben, finden im Interaktionsmodul des Roboters bzw. im Verstandes-Modul des Menschen die Interpretation der Sensorik und ihre Umsetzung in Kommandos an die Motorik statt, wobei mit Motorik nicht nur Antriebe des Bewegungsapparates gemeint sind, sondern auch alle anderen Aktoren, wie zum Beispiel im Falle des Menschen der Mund zur Aufnahme von Speisen oder zur Artikulierung von Sprache, seine Verdauungsorgane oder auch Drüsen zur Absonderung von Schweiß usw. Im Falle des Roboters sind das beispielsweise Lautsprecher zur sprachlichen Mitteilung an seine Umwelt oder der Lüfter zur Kühlung seines Mikroprozessors.

Die Interpretation der Sensordaten und ihre Umsetzung in Kommandos an die Motorik muss gemäß der *Typendefinition* des Roboters bzw. des Wesens des Menschen und seiner Sinnfindung zielorientiert erfolgen: es muss intelligent sein. Diese Zielorientiertheit oder Intelligenz lässt sich grob in vier Kategorien einteilen: programmierte Intelligenz, anerzogene oder geteachte Intelligenz, autonom erlernte Intelligenz und kreative Intelligenz.

Im ersten Fall handelt es sich im Wesentlichen um einfache WENN-DANN-Regeln, wie etwa die Regel: »WENN die Temperatur des Mikroprozessors einen Grenzwert überschreitet, DANN schalte den Lüfter ein« – eine Regel, deren Auswirkung wir auch an unseren Laptops erfahren können: Plötzlich beginnt der Ventilator leise zu surren. Ähnliches gibt es auch beim Menschen. WENN die Temperatur einen gewissen Wert überschreitet, DANN werden Schweißdrüsen aktiviert, um durch eine vermehrte Schweißabsonderung und Verdunstung eine Kühlung zu erreichen. Im Falle des Roboters muss dieses Wissen vom Hersteller programmiert worden sein. Im Falle des Menschen liegt das Gleiche nahe, es sei denn, man geht von der Annahme aus, dass Zufall und Selektion an die Stelle eines Herstellers getreten sind – eine Hypothese, deren Schwierigkeiten im Kapitel über die Evolution erörtert wurden.

Anerzogene oder geteachte Intelligenz erwirbt der Roboter dadurch, dass man ihn zum Beispiel an der Hand nimmt, ihn zur besagten Flasche Bier führt, seine Hand um die Flasche legt und ihn diesen Vorgang zusammen mit dem Bild der Flasche samt ihrer Position in seiner Datenbank abspeichern lässt. Findet er später die Flasche an dieser Position wieder vor, kann er sie sofort wiederergreifen. Allerdings funktioniert das nur, wenn die Flasche die gleiche Größe und Form hat und sich an exakt der gleichen Position und in der gleichen Lage befindet. Sonst greift er daneben. Es geht hier um spezifische Intelligenz. Beim Menschen gibt es Ähnliches: Beispielsweise müssen ihm Benimmregeln beigebracht werden. Dieses Wissen ist ebenfalls spezifisch. Hat er sie als Regeln in Deutschland gelernt, würden sie etwa in Japan nicht zielführend sein.

Interessant ist eigentlich erst die autonom gelernte Intelligenz. Beim Roboter beziehungsweise bei der Künstlichen Intelligenz spricht man auch von *deep learning*. Im Falle des Ergreifens einer Flasche könnte das folgendermaßen geschehen: Der Roboter wird mit vielen Flaschen in unterschiedlichen Formen und Größen und an unterschiedlichen Positionen umstellt. Nun lässt man ihn völlig selbstständig durch einen Zufallsgenerator erzeugte wahllose Bewegungen seines Greifers ausführen. Sowie er dabei zufälligerweise eine Flasche korrekt ergreift, wird das zugehörige zielführende Bewegungsmuster und das Bild der betreffenden Flasche in ein sogenanntes künstliches neuronales Netz eingespeist – ein Computerprogramm, das der Struktur des menschlichen Gehirns nachgebildet ist. Nachdem dieser Vorgang des *trial and error* für alle Flaschen erfolgreich durchgeführt wurde, erlaubt es die Eigenart des neuronalen Netzes, dass der Roboter fortan auch Flaschen ergreifen kann, die nicht in seinem Lernprogramm vorkamen. Das neuronale Netz hat die motorische Intelligenz des Roboters verallgemeinert. Jetzt kann er Flaschen beliebiger Größen und Formen an beliebigen Positionen ergreifen. Dies ist nur eine oberflächliche Beschreibung des *deep learning*, aber auf ähnliche Weise erlernen KI-Systeme das autonome Autofahren, intelligente Aktienspekulationen, das Ablesen von Gemütslagen eines Menschen an seinem Gesichtsausdruck und vieles andere mehr. Beim Menschen ist es ganz ähnlich: Man beobachte nur einmal, wie ein in seinem Kinderwagen liegendes Kleinkind die über ihm angebrachten Spielzeuge in zahllosen Anläufen so lange zu ergreifen versucht, bis es schließlich jedes Objekt treffsicher fassen kann.

Entscheidend ist: völlig selbstständig ist der Roboter dabei nicht. Ihm muss vom Hersteller in jedem Fall noch eine Bewertungsfunktion vorgegeben werden, die einen Vorgang als Lernziel benennt und den zugehörigen Lernprozess steuert. Im Fall des Greifens ist es die Information, woran ein erfolgreicher Greifversuch erkannt wird.

Die Vorgabe von Bewertungsfunktionen gilt auch für den Menschen. Das Kleinkind weiß instinktiv, was es mit den über ihm hängenden Spielsachen tun soll und wann dies erfolgreich ist. Es hat schon ab der Geburt eine entsprechende Bewertungsfähigkeit für das Greifen. Auch hier legt das Beispiel des Roboters nahe, dass diese Fähigkeit vom »Hersteller des Menschen« stammen muss. Versucht man einmal, sich die Entstehung dieser Bewertungsfunktion alternativ im Sinne der Evolutionstheorie durch zufällige Änderungen in der DNA von Vorfahren und einem anschließenden Überlebenskampf dieser zu vergegenwärtigen, wird schnell deutlich, wie problematisch diese Alternative ist.

Es sei noch erwähnt, dass die Methode des *deep learning* nicht ausschließt, dass es dennoch in bestimmten Situationen zu nicht zielführendem Verhalten kommen kann. Eine hundertprozentige Verallgemeinerung kann sowohl für das neuronale Netz des Gehirns als auch für das künstliche neuronale Netz des Roboters nicht garantiert werden. Im Falle des eine Flasche portierenden Roboters kann das bedeuten, dass er eine Flasche in einer völlig ungewohnten Lage antrifft – etwa, weil sie auf den Kopf gestellt wurde, was er an seinen Übungsbeispielen noch nie erlebt hatte – und dementsprechend doch noch danebengreift. Ein entsprechendes *training on the job* muss dieses Manko nachträglich korrigieren. Beim Menschen kann man diese Fehlerhaftigkeit zum Beispiel an seiner Ausübung von Sport erkennen: So sehr ein Tennisspieler per *deep learning* geübt hat – es unterlaufen ihm doch immer wieder Fehler.

Die vierte Kategorie, die kreative Intelligenz, gibt es nur beim Menschen. Hier geht es um völlig Neues, das weder vorprogrammiert noch anerzogen oder geteached, noch autonom erlernt werden kann – wie etwa im Falle des berühmten *Aha-Effekts* beim Lösen eines Problems, oder bei selbsterdachten Lernzielen, die nicht schon ab Geburt angelegt worden sind – wie etwa im Falle des Entschlusses, eine fremde Sprache zu lernen. Dazu gehört auch die Fähigkeit, naheliegende Entscheidungen zu verwerfen und andere Wege zu wählen. Während ein Roboter bei gleicher Ausgangslage nach Maßgabe seiner Aufgabenbeschreibung und seines Handlungsrahmens immer exakt die gleiche Entscheidung treffen wird, kann der Mensch sozusagen kreativ andere Entscheidungen treffen – durchaus auch gegen die von seinem Verstand als optimale Lösung erkannten Möglichkeiten. Genau hierin liegt der moralische Unterschied zwischen Roboter und Mensch: Der Mensch ist durch seine kreative Wahlmöglichkeit für sein Handeln selbst verantwortlich; der Roboter tut nur, was ihm vom Hersteller aufgetragen worden ist. In diesem Sinne kann nur der Mensch schuldig werden. Diese Feststellung führt geradewegs zum nächsten Thema: Kann ein KI-begabter Roboter bösartig werden?

Zuvor sei aber wieder die Frage gestellt, was der Ursprung dieser Intelligenz sein kann. Kann durch einen Prozess von Zufall und Selektion diese Fähigkeit eines Einstein entstanden sein, die es ihm ermöglichte, einen derart gewaltigen gedanklichen Sprung von der Erklärung der Gravitation durch ein Kraftfeld hin zur Erklärung der Gravitation durch die Krümmung des Raumes und der Zeit zu vollziehen? Auch hier wird die Problematik der Evolutionstheorie wieder unübersehbar deutlich.

Eine revolutionäre Diagnose des Bösen

Kann ein KI-begabter Roboter bösartig werden oder sein? Im Falle von Robotern, die für militärische Zwecke entwickelt worden sind, liegt die Antwort natürlich auf der Hand. Interessant ist dagegen die Überlegung, ob sich ein ziviler Roboter, der zum Beispiel in der Altenpflege seinen Dienst tut, plötzlich entscheiden kann, seinem Schützling zu schaden.

Mangels kreativer Intelligenz in seinen Entscheidungsmöglichkeiten ist das prinzipiell nicht möglich, wenn es ihm durch einen geeigneten Handlungsrahmen verboten ist. Es ist nur möglich, wenn dieser Rahmen die Möglichkeiten für ein schädigendes Verhalten offenhält. Ein Beispiel wäre der bereits erwähnte Roboter, der seinem »Herrchen« mitunter eine Flasche Bier holen soll. Wenn sein einziger Handlungsrahmen in der Maßgabe bestünde, dieses immer auf dem schnellsten Weg zu tun, könnte er durchaus einem Menschen Schaden zufügen, wenn dieser ihm zufälligerweise in diesem schnellsten Wege stehen würde. Und er würde es immer wieder tun. Er kann nicht anders. Es liegt an seiner Typenbeschreibung und dem darin enthaltenen Handlungsrahmen!

Überträgt man diese Erkenntnis auf den Menschen, so könnte man zu einer revolutionären Diagnose des Bösen und all des Leids gelangen, das sich die Menschen seit ihrer Existenz gegenseitig immer wieder antun. Ist der Homo sapiens ein falsch programmierter Mensch? Ist die Typenbeschreibung des Menschen, das heißt sein Wesen, fehlerhaft? Liegt es an seiner Art, dass es immer wieder zur Verletzung anderer kommen muss?

Und in der Tat: Der Handlungsrahmen oder das Gewissen des Menschen umfasst beides: die Beachtung der Unversehrtheit anderer Menschen, aber auch die Vorgabe, Ziele möglichst effizient und immer zur optimalen Umsetzung der eigenen Interessen zu erreichen. Und Letzteres könnte ihn zum Betrüger, zum Lügner und zum Mörder werden lassen. Wie gesagt: Im Unterschied zum Roboter ist der Mensch aufgrund seiner kreativen Entscheidungsmöglichkeiten nicht gezwungen, bestimmte Handlungsoptionen umzusetzen, und obwohl ihm sein Gewissen still und leise die Rücksichtnahme allen Menschen gegenüber empfiehlt, wählt er doch den rücksichtslosen Weg, wenn der eigene Vorteil nur hoch genug ist oder die Gefahr nur bedrohlich genug. Alles Leid, das sich die Menschen seit ihrem Bestehen gegenseitig antun, hat hier ihren Ursprung. Die ganze Menschheitsgeschichte ist ein unübersehbarer Beweis. Es ist fast müßig, das im Detail zu belegen. Hier seien nur einige Beispiele angeführt.

Die Finanzkrise 2008 wurde dadurch ausgelöst, dass einige Banker ein Investmentinstrument erfanden, mit dem sie sich an den Renten zahlloser amerikanischer Rentner bereichern konnten. Aus der Sicht der Banker war das erfreulich, aber nicht aus der Sicht der geprellten Rentner.

Ein Seitensprung mag für denjenigen, der »springt«, ganz amüsant sein, aber für den Partner kann es bitteres Leid bedeuten, wenn es herauskommt.

Kriege kommen unter anderem dadurch zustande, dass das Regime eines Landes es für gut befindet, sich mehr Land anzueignen. Für die Länder, die dann überfallen werden, ist das nur Leid.

Aber auch das Mobbing in Firmen oder der Streit in zwischenmenschlichen Beziehungen hat hier seinen Ursprung. Es gibt kein Leid, das sich Menschen gegenseitig antun, das nicht auf die *Typendefinition* des Menschen zurückzuführen wäre!

Bezeichnend für die genannte Diagnose ist auch, dass der Mensch nicht aus leidvollen Situationen lernen kann. Der Erste Weltkrieg war katastrophal genug, sodass sich die Weltgemeinschaft hätte schwören müssen, dass so etwas nie wieder passieren darf. Und doch kam es wenige Jahre später zu einer noch größeren Katastrophe. Jugendliche verbringen Stunden vor dem Computer, um sich in ungeheuerlich realistischen Computerspielen etwa im Häuserkampf zu üben. Oder wenn man abends müde von der Arbeit nach Hause kommt, schaut man Nachrichten, die meist schon von genug Leid in der Welt zeugen, und dann: Krimis! Zur Entspannung! Es ist keine Frage: Das Dilemma der Menschheit liegt am Wesen des Menschen. Seine *Typendefinition*, seine Art ist fehlerhaft.

Das Erstaunliche: Es gibt nur eine Informationsquelle auf diesem Planeten, die genau das als Ursache des Dilemmas des Menschen konstatiert: die Bibel. Es ist eine ihrer Grundaussagen. Jesus sprach von der Menschheit als von einem ehebrecherischen, sündigen, ungläubigen, verkehrten und bösen Geschlecht (Markus 8,38; Lukas 9,41, Lukas 11,29). In der ersten Predigt, die je von einem Christen gehalten wurde, sagte Petrus: »Lasst euch retten aus diesem verkehrten Geschlecht« (Apostelgeschichte 2,40). Die

Bibel konstatiert unmissverständlich, dass der Mensch einem *Artensprung* unterlag von der Art, zu der er ursprünglich konzipiert war, zu der Art, die er heute ist.

In keinem anderen philosophischen, ideologischen oder religiösen Gedankengebäude, sei es im Existenzialismus, im Humanismus oder im Kommunismus, im Islam, im Buddhismus oder Hinduismus, wird diese Diagnose des Dilemmas der Menschheit auch nur im Entferntesten in Erwägung gezogen. Im Gegenteil, sämtliche Religionen und Ideologien gehen davon aus, dass man den Menschen zum Guten erziehen könnte. Dass das Wesen des Menschen diesen Versuch immer wieder vereitelt, wird nicht erkannt, obwohl es nicht zu übersehen ist, dass im Prinzip sämtliche religiösen oder ideologischen Anstrengungen zu einer Verbesserung der Menschheit geradewegs immer das Gegenteil bewirkt haben. Eindrucksvoll ist das an dem ungeheuren Leid zu erkennen, das der global gescheiterte Kommunismus verursacht hat, aber auch an den extremistischen Ausprägungen aller Religionen, inklusive eines falsch verstandenen Christentums.

Natürlich ist jetzt die Frage naheliegend, wie es zu dieser falschen *Typendefinition* oder Art gekommen ist. Hierzu nimmt die Bibel ausführlich Stellung, indem sie erläutert, was Sinn und Handlungsrahmen des Menschen ursprünglich hätte sein sollen. Diese zentralen Betrachtungen – wie übrigens auch alle anderen Kernaussagen der Bibel – werden auf vielfältigste Weise vermittelt: In theologischen Abhandlungen oder Gleichnissen, durch religiöse Riten eines ganzen Volkes, anhand der Geschichten von Königen dieses Volkes oder in knappen Sätzen.

Bevor auf die oben genannte Erläuterung der Bibel zu diesem »Artensprung« der Menschheit eingegangen wird, zunächst eine Bemerkung zu diesem erstaunlichen Prinzip der Vielfalt in den Erläuterungen zum Sinn des menschlichen Daseins. Es hat den

Anschein, als ob damit sichergestellt sein sollte, dass die wesentlichen Aussagen durch die Jahrtausende hindurch unversehrt übermittelt werden würden. In der Tat erinnert dieses Prinzip an zwei Methoden der modernen Informatik zur sicheren und korrekten Übermittlung von Daten: Redundanz und Diversität.

Im Falle der Redundanz werden die Übertragungswege in einem elektronischen System mehrfach – meist drei- oder vierfach – implementiert. Ist ein Weg gestört, dann erlaubt das Mehrheitsvotum der übrigen Kanäle, die korrekte Information dennoch zu übermitteln. In der Bibel gibt es gleich eine vierzigfache Redundanz: Sie wurde von 40 Autoren geschrieben, die die Kernaussagen der Bibel zum Teil im Klartext, zum Teil in symbolischer oder allegorischer Form dokumentierten. Möglichen Fehlinterpretationen, falschen Übersetzungen oder fehlerhaften Abschriften wird auf diese Weise wirkungsvoll entgegengewirkt.

Diversität wird in elektronischen Steuerungssystemen implementiert, deren Steuerkommandos hochsicherheitsrelevant sind. Hier wird die Software mehrfach – etwa dreifach – codiert, und zwar von strikt getrennten Entwicklungsteams, die zudem unterschiedliche Entwicklungssprachen für die Software benutzen. Stimmen die Kommandos der derart »diversitär« entwickelten Software-Pakete überein, kann man davon ausgehen, dass die Kommandos korrekt sind. Die Bibel ist vierzigfach diversitär: Die Autoren lebten verstreut über einen Zeitraum von etwa 1500 Jahren. Die ersten lebten noch in der Bronzezeit, die nachfolgenden in der Eisenzeit usw., und es ist offensichtlich, dass die Inhalte im Kontext der geschichtlichen und sozialen Umwelt auf unterschiedlichste Weise niedergeschrieben oder »codiert« wurden. Ferner waren die Autoren unterschiedlichster Profession. Es gab Hirten, Könige, Chronisten der Könige, Propheten, Theologen, Ärzte und Fischer, die die Information jeweils gemäß ihrem eigenen Sprachgebrauch dokumentierten – ein weiterer Aspekt dieser Diversität.

Die nun folgende Antwort auf die oben gestellte Frage nach der ursprünglich intendierten Art des Menschen eignet sich übrigens gleichzeitig zur Demonstration der Methode der sicheren Informationsübertragung in der Bibel. Dabei seien aus der Fülle der redundanten und diversitären Beschreibungen im Folgenden nur zwei Antworten erwähnt.

Die erste ist die kürzeste Definition des Sinns des Menschen und steht gleich im Anfang der Bibel: »Gott schuf den Menschen zu seinem Bild« (1. Mose 1,27). Der Mensch war als Wesen gedacht, das Gott in der Schöpfung darstellen sollte. Offensichtlich ist damit nicht eine physische Darstellung gemeint, denn Gott ist keine physische Entität, die für unsere fünf Sinne zugänglich wäre. Wie bereits im Kapitel über die Entstehung des Weltalls angemerkt: Ebenso wenig wie ein Maler in seinen Kunstwerken mit den Mitteln entdeckt werden kann, die wir etwa zur chemischen Analyse der verwendeten Farben zur Verfügung haben, kann der Schöpfer mit den Mitteln erfahren werden, die wir zur Erforschung der Schöpfung zur Verfügung haben. In diesem Sinne ist Gott in Bezug auf seine Schöpfung transzendent. Es kann sich daher offensichtlich nur um die Darstellung des Wesens Gottes handeln. Der Mensch soll eine für unsere fünf Sinne erfahrbare Repräsentation des Wesens des mit diesen Sinnen nicht erfahrbaren Gottes sein.

In der Beschreibung dieses Wesens ist die Bibel im Sinne der vierzigfachen Redundanz und Diversität vollkommen konsistent: Es handelt sich um die Eigenschaften Liebe, Gerechtigkeit und Wahrhaftigkeit, wobei die erste Eigenschaft in einem gewissen Sinne die beiden anderen impliziert. Denn wenn man jemanden liebt, möchte man nicht, dass ihm Böses widerfährt. Geschieht es doch, muss es wiedergutgemacht werden: Der Gerechtigkeit muss

Genüge getan werden. Ähnliches gilt für die dritte Eigenschaft: Weil Lüge verletzt, Liebe aber nicht verletzen will, zieht Liebe auch die Wahrhaftigkeit nach sich. Dementsprechend fasst Johannes, der Lieblingsjünger Jesu, das Wesen Gottes in einer einzigen Aussage zusammen: »Gott ist Liebe« (1. Johannes 4,16).

Das heißt, der Mensch ist dazu konzipiert, diese Liebe in seinem Reden und Handeln zu repräsentieren. Das ist seine ursprünglich beabsichtigte Art und der Sinn seines Lebens. Dazu muss er aber diese Liebe erst selber erfahren. Denn eine Darstellung dieser Qualität Gottes lediglich auf der Basis vom Hörensagen würde offensichtlich nicht ausreichen, ebenso wenig wie ich authentisch und mit Begeisterung von der Liebe meiner Frau zu mir sprechen könnte, wenn mir diese nur vom Hörensagen bekannt wäre und nicht aus der persönlichen Begegnung. Der Mensch ist laut Bibel also ursprünglich so konzipiert, dass er in der Lage ist, die Liebe Gottes persönlich zu erfahren und diese nach außen im täglichen Lebensvollzug weiterzugeben. Das ist der eigentliche Sinn seines Lebens. Dabei ist offensichtlich, dass die Erfahrung der Liebe Gottes auch nach sich zieht, dass der Mensch umgekehrt Gott liebt. Kern dieser Sinngebung ist die liebende »Gemeinschaft mit Gott«, wie die Bibel es auch ausdrückt. Erst daraus folgt ein »korruptionsresistentes« Verhalten in Liebe, Wahrhaftigkeit und Gerechtigkeit, wie später noch beschrieben wird. Letztlich führt diese Gemeinschaft mit Gott so weit, dass der Mensch sogar in der Lage ist, seine Feinde zu lieben, wie es in der berühmten Bergpredigt gefordert wird.

Zu dieser Beschreibung der ursprünglich gewollten Art des Menschen gibt es in der Bibel eine Fülle von hierzu redundanten und diversitären Definitionen, und wie oben erwähnt, sei hier nur eine zweite herausgegriffen. Diese finden wir, Tausende Jahre später niedergeschrieben, im Neuen Testament. Als Jesus sinngemäß danach gefragt wurde, wozu der Mensch geschaffen wurde, sagte er:

»Du sollst den Herrn, deinen Gott, lieben von ganzem Herzen, von ganzer Seele und von ganzem Gemüt. Dies ist das höchste und erste Gebot. Das andere aber ist dem gleich: Du sollst deinen Nächsten lieben wie dich selbst« (Matthäus 22,38). Das ist ganz offensichtlich die gleiche Information, nur in anderen Worten erläutert.

Ausgangspunkt ist die Liebesbeziehung mit Gott. Echte Liebe beruht aber auf Freiwilligkeit. Gott zwingt nicht. Das Angebot eines Lebens, das auf der Liebe Gottes beruht, musste der Mensch nach seiner Erschaffung in freier Entscheidung erst noch annehmen. Aber der Mensch konnte sich auch gegen dieses Angebot entscheiden. Das Wesen der Liebe bringt es mit sich, dass der Mensch gleich von Anfang an zwei Optionen zur freien Auswahl hatte.

Allerdings war die Entscheidung für die eine oder andere Möglichkeit unumkehrbar. Es ging um die Festlegung der zukünftigen Art des Menschen, die sich anschließend auf die ganze Menschheit weitervererben würde. Entschied sich der Mensch für die Gemeinschaft mit Gott, wäre seine Art oder sein Wesen, sein Sinn und Handlungsrahmen geprägt von der Geborgenheit in Gott. Antrieb des Lebens wäre die Liebe Gottes.

Im anderen Fall wäre er auf sich selbst geworfen. Seine Art oder sein Wesen und damit sein Sinn und Handlungsrahmen hätten nur sein Ego als Orientierung. Er müsste nun selbst entscheiden, was falsch und richtig, gut oder böse sei. Er würde eine Art werden, deren Handlungsrahmen und Gewissen auch die Vorgabe enthalten würde, Ziele möglichst effizient und immer zur optimalen Umsetzung der eigenen Interessen und damit mitunter auch zum Schaden anderer zu erreichen. Interessanterweise beschreibt die Bibel diese beiden Optionen als zwei Bäume: als »Baum des Lebens« und als »Baum der Erkenntnis von Gut und Böse« (1. Mose 2,9), wobei das Wort »Erkenntnis« auch mit »Bewertung« übersetzt werden kann. Wir lesen, dass Gott den ersten Menschen, Adam, eindringlich davor warnte, von den Früchten des zweiten Baumes zu essen. Sich dessen Früchte einzuverleiben, würde bedeuten, sich das Wesen dieses Baumes einzuverleiben, und damit dem von Gott für den Menschen vorgesehenen Sinn des Lebens zu sterben – zunächst im sofortigen geistlichen Sinn, aber auch im späteren physischen Tod.

Unglücklicherweise entschieden sich Adam und Eva für diese Variante und erkannten sofort die Konsequenzen: Sinn und Handlungsrahmen dieser Art des Menschen würden fortan auch zulassen, dass sich Menschen um ihres eigenen Vorteils willen gegenseitig verletzen. Sie waren verletzlich geworden! Und mit dieser Erkenntnis war die Angst geboren. Als Gott fragte, »Adam, wo bist du?«, war die Antwort des Menschen: »Ich fürchte mich, denn ich bin nackt« (1. Mose 3,9-11), aber das Wort »nackt« in diesem Kontext bedeutet Verletzbarkeit. Dieser Vorgang war unumkehrbar. Die falsche Art war geboren.

Eine revolutionäre Therapie des Bösen

Im Grunde befasst sich der ganze Rest der Bibel mit dem Plan Gottes, dem Menschen ein zweites Angebot zu machen – wiederum zur freien Entscheidung zwischen den beiden Möglichkeiten, um ihn aus dem jetzt folgenden Dilemma zu retten. Es geht in der Bibel nicht um eine Verbesserung, sondern um Rettung.

Auch hier eignet sich die Analogie zwischen intelligenten Robotern und dem Menschen zu einer Erläuterung dieser gewaltigen Rettungsaktion: Um einen Roboter, dessen Handlungsrahmen ihm erlaubt, immer den für ihn zielführenden Weg zu wählen, daran zu hindern, Menschen Schaden zuzufügen, gäbe es zunächst die Möglichkeit, ihn durch Umerziehung mittels des Teachens vom »bösen Handeln« abzuhalten. Jedes Mal, wenn er sich anschicken würde, einen Menschen auf dem Weg zur Flasche Bier umzurennen – um bei dem Beispiel des Flaschen portierenden Roboters zu bleiben –, würde man ihn an die Hand nehmen, um den Menschen herumführen und ihn diesen Bewegungsablauf mitsamt der optischen Information über Position und Lage des Menschen für diese spezielle Situation abspeichern lassen. Trotz seiner inhärenten Rücksichtslosigkeit würde er einen Menschen an dieser Position in Zukunft »verschonen«. Allerdings würde das nur für die wenigen geteachten Situationen gelten. Jede unvorhergesehene Situation wäre wieder eine Gelegenheit, Menschen aus dem Weg zu räumen. Das gilt auch für den Fall des verallgemeinerungsfähigen *deep learnings*, denn auch hier können, wie bereits beschrieben, doch noch Fehler auftreten.

Die einzige Möglichkeit, das Problem wirklich zu lösen, wäre offensichtlich ein Austausch des Typenbeschreibungsmoduls in der Software des Roboters. Das Modul mit der Maßgabe, alle Ziele immer auf dem Weg zu erreichen, der den Zielen des Roboters am besten dient, müsste gelöscht und ein neues Modul mit einem Kollisionsvermeidungsalgorithmus geladen werden. Offensichtlich kann diesen Modulaustausch nur der Hersteller vornehmen. Im Falle des Roboters ist das kein Problem, denn sein Hersteller ist der Mensch.

Die Analogie zum Menschen ist so naheliegend wie revolutionär zugleich: Jeder Versuch, den Menschen durch Gesetze, durch religiöse Vorschriften oder durch ideologische Umerziehungsmaßnahmen zum Guten zu zwingen, ist vollkommen aussichtslos. Wie gesagt: Im Falle des Roboters kommt es trotz des Teachens dennoch immer wieder zur Verletzung von Menschen, wenn unvorhergesehene, vorher nicht geteachte Situationen auftreten. Im Falle des Menschen ist es fast genauso, nur dass an die Stelle der unvorhergesehenen Situation jetzt die Gelegenheit tritt. Denn die Erfahrung zeigt unmissverständlich: Es kommt trotz einer mehr oder weniger guten Erziehung immer wieder zur Verletzung anderer, wenn sich nur die Gelegenheit dazu bietet.

Beispielsweise besteht im Falle der Korruption die Gelegenheit in der Vermutung, dass sie nicht bemerkt wird. Das Gleiche gilt etwa für den sexuellen Missbrauch von Kindern. Im Falle der Unterdrückung eines Volkes durch ein diktatorisches Regime besteht die Gelegenheit darin, dass das Militär auf der Seite des Regimes steht. Das große Umerziehungsexperiment des Kommunismus – vielleicht aus einer prinzipiell guten Absicht geboren, die großen Klassenunterschiede zu nivellieren – musste restlos scheitern, weil es letztlich eine einzige große Gelegenheit für einige wenige Menschen bot, die Massen zu unterdrücken und sich selbst eine privilegierte Position zu sichern.

Die jahrtausendealte Geschichte der Menschheit hat es eindrucksvoll bestätigt: Wann immer sich dem Menschen trotz aller gesetzgeberischen, religiösen oder ideologischen Verhinderungsversuche die Gelegenheit bieten würde, seine eigenen Interessen entgegen moralischen Maßstäben welcher Couleur auch immer durchzusetzen, wenn der Vorteil eines korrupten Verhaltens nur hoch genug wäre, würde er seine eigenen Interessen durchsetzen. Das humanistische Ideal ist eine hoffnungslose Fiktion. Trotz aller gut gemeinten Vorschriften, trotz aller Gesetzgebungen, trotz aller Versuche, dem Bösen notfalls mit Gewalt zu begegnen: Seit Menschengedenken kommt es immer wieder zu Kriegen, Unterdrückung, Ausbeutung, Mord, Folter, Mobbing, Ehebruch, Ungerechtigkeit, Korruption – das Dilemma der Menschheit bleibt.

Die einzige Möglichkeit, das Problem doch noch zu lösen, liegt in Analogie zum Fall der Roboter auf der Hand: Der Austausch des Wesens! Das Modul mit der Maßgabe, alle Ziele immer auf dem Weg zu erreichen, der den persönlichen Interessen am besten dient, müsste gelöscht und durch ein neues ersetzt werden. Ist das möglich? Beim Roboter war das nur durch seinen Hersteller, den Menschen, machbar. Beim Menschen müsste dies im Analogieschluss der Hersteller des Menschen bewerkstelligen: Gott. Das wäre zwar ein revolutionärer, geradezu unerhörter Weg, das Böse zu überwinden, aber es wäre die einzige logische Konsequenz aus der beschriebenen ebenso revolutionären Diagnose des Bösen.

Was bereits für die Diagnose des Bösen galt, gilt auch hier: Es gibt wieder nur eine Informationsquelle auf diesem Planeten, die genau diesen Weg als einzige Lösung des Dilemmas des Menschen konstatiert: die Bibel. Dass diese Möglichkeit in keiner Religion oder Ideologie vorkommt, liegt vermutlich daran, dass man hier nur von selbsterdachten Gottheiten oder Erlösungsmöglichkeiten ausgeht, die lediglich das menschlich Machbare widerspiegeln können. Die Existenz eines wirklich schöpferischen Gottes, eines handelnden »Herstellers« des Menschen, der in das Wesen seiner Geschöpfe eingreifen kann, ist hier nicht vorgesehen.

In der Bibel wurde dieser Austausch des menschlichen Wesens dagegen bereits ca. 600 Jahre vor Christus im Alten Testament in aller Deutlichkeit schriftlich angekündigt. Dort spricht der Prophet Hesekiel davon, dass den Menschen das steinerne Herz herausgenommen und durch eines aus Fleisch ersetzt werden würde. Und damit kein Zweifel darüber besteht, worum es sich handelt, fügte er hinzu, dass es sich dabei um einen neuen Geist handelt, um eine neue Art (Hesekiel 36,26-27).

600 Jahre später beginnt der, durch den diese Zielsetzung umgesetzt werden sollte, seine Mission mit den Worten: »Die Zeit ist erfüllt, und das Reich Gottes ist nahe herbeigekommen« (Markus 1,15). Das, was damals vorhergesagt wurde, würde jetzt umgesetzt werden. Und etwas später erläutert er einem Theologen, wie bereits beschrieben, worum es sich handelt: »Du musst von Neuem gebo-

ren werden.« Und der Apostel Paulus bestätigte es unmissverständlich: Alle religiöse Anstrengung ist umsonst. Was zählt, ist einzig und allein eine neue Kreatur, eine neue Art (2. Korinther 5,17). Es handelt sich um einen geistigen Artensprung. Offenbar ist dieser Vorgang laut Bibel machbar. Das ist die eigentliche Bedeutung und das Unerhörte, wenn ein Mensch Christ geworden ist: in ihm ist dieser *Artensprung* vollzogen.

In diesem Zusammenhang stellen sich drei Fragen. Zunächst: Was sind die Voraussetzungen dafür, dass dieser *Artensprung* stattfinden kann? Zweitens: Kann man diese Wesensveränderung konkret erfahren? Und drittens: Auf welche Weise gelangt man zu dieser Erfahrung.

Die Voraussetzung

Was die Bibel an Voraussetzungen nennt, kann man auch logisch nachvollziehen. Aufgrund seiner falschen Art verletzt der Mensch ständig das Gebot der Liebe, Gerechtigkeit und Wahrhaftigkeit. Dieses Verhalten wird in seinem Gedächtnis unter der Rubrik *Schuld* abgespeichert. Wenn der Schöpfer dieses gewaltigen Weltalls tatsächlich reine, unermessliche Liebe ist, wie die Bibel es sagt (1. Johannes 4,16), dann ist die oben beschriebene »Gemeinschaft mit Gott« nur möglich, wenn diese Schuld erst bereinigt worden ist. Sonst wäre Gott nicht mehr diese vollkommene Liebe: Er würde die Verfehlungen der Menschen, die leichten, schweren und fürchterlichsten Verletzungen, die sie sich gegenseitig zugefügt haben, unkommentiert akzeptieren und sich dadurch selbst kompromittieren.

Diese Notwendigkeit einer Bereinigung der Schuld ist auch Grundbestandteil aller Religionen. Der Hindu wäscht sich im Ganges, um seine Schuld gewissermaßen abzuwaschen, der Buddhist meditiert, um in Zukunft schuldfrei zu werden, Moslems und Juden müssen strenge Gesetze einhalten, um Schuld zu vermeiden, mit Almosen versucht man, Schuld zu bezahlen, Naturvölker opfern aus diesem Grund Hühner und die Azteken opferten Menschen. Und auch hier leuchtet wieder ein Alleinstellungsmerkmal der Bibel auf: nur die Bibel konstatiert, und zwar unmissverständlich, dass das alles nichts nützt. Es ist umsonst (Römer 3,20). Der Grund hierfür ist naheliegend: so gewaltig Gott in seiner Schöpfung ist, so unermesslich ist sein moralischer Maßstab. Der Versuch, diesem Maßstab durch eigene Anstrengung entsprechen zu wollen, und der Gedanke, seine Schuld selber tilgen zu können, verkennt die eigentliche Qualität des Schöpfers. Es ist geradezu Hybris.

Aber wenn kein Mensch es vermag, die Voraussetzung für diesen Austausch der Art zu schaffen, stellt sich die Frage, welche Möglichkeiten es dafür sonst noch gäbe. Im Prinzip bliebe nur Gott selbst, der die Schuld löschen oder vergeben könnte. Und genau das ist die Kernaussage der Bibel: Er tut es. Er vergibt alle Schuld, die der Mensch im Laufe seines Lebens aufgehäuft hat und noch aufhäufen wird. Allerdings dürfte er dabei kein Schwamm-drüber-Gott sein. Schuld darf nicht einfach unter den Teppich gekehrt werden, sondern muss bezahlt werden, sonst würde mit der Vergebung dem Bösen Tür und Tor geöffnet. Böses tun wäre sonst kein Problem: Gott würde ja vergeben. Aber so ist es nicht. Gottes Reaktion auf alle Schuld kommt. Die Bibel spricht nicht von *Reaktion*, sondern von *Gericht*. Alle Schuld muss bezahlt werden. Hier tut sich allerdings ein Dilemma auf: Vergebung und Gericht widersprechen sich. Man kann einem Menschen nicht gleichzeitig vergeben und ihn schuldig sprechen und richten.

Es gibt nur eine Lösung dieses Dilemmas, und diese führt geradewegs in die zentrale Aussage der Bibel: Gott selbst nimmt das

Gericht stellvertretend für den Menschen auf sich. Damit ist der Widerspruch aufgehoben und er kann dem Menschen vergeben, ohne dieser »Schwamm-drüber-Gott« zu sein! Diese stellvertretende Begleichung der Schuld müsste allerdings auf der Ebene stattfinden, wo die Schuld angefallen ist: nicht auf der Ebene der Engel oder der Tiere, sondern auf der Ebene des Menschen. Gott müsste also in einem Menschen sein, der das Gericht stellvertretend ertragen sollte. Genau das berichtet die Bibel von dem Menschen Jesus Christus. In ihm erschien Gott, um weithin sichtbar am Kreuz das Gericht über die Schuld aller Menschen auf sich zu nehmen.

Aber wie ist es möglich, dass Gott in einem Menschen sein konnte? Eine Annäherung an dieses Mysterium ist vielleicht durch die Feststellung möglich, dass die Essenz einer Person nicht seine Erscheinungsform ist, sondern sein Wesen, wie zum Beispiel auch die Erscheinungsformen von Wasser als Dampf, Wasser und Eis nicht die Essenz des Wassers ausmachen, sondern seine innere Struktur H_2O. Zum Beispiel ist Wasser in der Form von Dampf immer noch H_2O, auch wenn die Manifestation als Dampf eine völlig andere ist als im flüssigen Zustand.

Genau diese Wesensidentität mit Gott betonte Jesus immer wieder: »Ich und der Vater sind eins«, sagte er (Johannes 10,30). An anderer Stelle erläuterte er die Wirkung dieser inneren geistigen Verschränkung mit Gott, indem er sagte: »Der Sohn kann nichts von sich aus tun, sondern nur, was er den Vater tun sieht; denn was dieser tut, das tut in gleicher Weise auch der Sohn« (Johannes 5,19). Gott war seinem Wesen nach hundertprozentig verkörpert in dem Menschen Jesus Christus.

Dieses Einssein im Wesen beantwortet auch die oft gestellte Frage: Wenn Gott in Jesus war, war der Himmel dann leer? Das Wesen einer Person ist jedoch nicht an einen Ort gebunden. Die Liebe eines Menschen ist uns auch dann präsent, wenn der Mensch nicht vor Ort ist. Und eine weitere Hilfe zum Verständnis liefert die Physik: Eine im Rundfunk ausgestrahlte Sinfonie verliert nicht dadurch ihre »Omnipräsenz«, dass jemand sie an einem bestimmten Ort mit seinem Radio anhört. Sie ist immer noch gleichzeitig an jedem Punkt im Raum vorhanden und kann dort per Radio gehört werden, so weit der Bereich der Ausstrahlung reicht!

Aber was müsste das für ein Mensch sein, in dem Gott die Schuld der Menschen bezahlen würde? Eine Eigenschaft wäre, dass Jesus vollkommen ohne Sünde war, damit man nicht sagen könnte, dass er das Gericht nur seiner eigenen Schuld wegen ertragen hatte. Diese Anforderung ist erfüllt: Dass Jesus ohne Sünde war, ist eine der zentralen Aussagen der Bibel.

Ferner müsste er sich den Menschen gegenüber ausweisen können als den, der tatsächlich der Beauftragte des Schöpfers wäre. Naheliegenderweise wäre das dadurch möglich, das er demonstrativ schöpferische Taten vollbringen würde, wie zum Beispiel eine Verwandlung von Wasser in Wein. Und in der Tat ist in den Evangelien von solchen Wundern häufig die Rede. Aus atheistischer Sicht setzt erwartungsgemäß genau hier die Kritik an der Glaubwürdigkeit der Bibel an. Aus der Unterstellung, dass es keinen Schöpfer gibt, folgt natürlich, dass es auch keine derartigen schöpferischen Taten geben kann. Alles muss innerweltlich anhand der Naturgesetze begründbar sein, was bei solchen Wundern offensichtlich nicht der Fall ist.

Diese Kritik steht und fällt jedoch mit der Unterstellung, dass es keinen Schöpfer gibt. Für diese Unterstellung gibt es jedoch keinen Beweis. Man muss daran glauben. Dagegen liefert gerade die moderne Physik – und das war ja der Gegenstand dieses Buches – zwar keine Beweise, aber doch eine Reihe unübersehbarer Hinweise auf die Existenz eines Schöpfers. Es sei nur an das heutige Standardmodell der Kosmologie erinnert, nach dem Raum, Zeit, Materie und Energie einen Anfang haben und sozusagen aus dem Nichts entstanden sind – als eine Diskontinuität, die nicht innerweltlich, das heißt im Rahmen der Physik erklärt werden und auch nicht durch einen Zufall zustande gekommen sein kann, wie in früheren Kapiteln erläutert. Es ist zweifellos ein Schöpfungsakt, der auf einen Schöpfer hinweist.

Wenn Jesus tatsächlich der Beauftragte dieses Schöpfers war, dann muss man geradezu erwarten, dass er sich durch Taten ausweisen würde, die eben nicht innerweltlich zu erklären sind, wie die erwähnte Verwandlung von Wasser in Wein oder die wunderbare Vermehrung von Brot oder die Befähigung von Jesus, der Gravitation zu trotzen und auf dem Wasser zu gehen, wie in den Evangelien beschrieben. Tatsächlich sind das alles Phänomene, die nicht naturgesetzlich erklärt werden, sondern nur von dem bewirkt sein können, der die Naturgesetze geschaffen hat und der als Einziger sie auch außer Kraft setzen kann. Auf den ersten Blick mag das befremdlich erscheinen, aber wenn es sich hier tatsächlich um eine Information des Schöpfers des Kosmos handelt, dann sind solche Beglaubigungen geradezu zwingend erforderlich.

Dass er in der Tat der von Gott Beglaubigte ist, spiegelt sich übrigens auch in seinem Namen wider: Denn bezeichnenderweise wird Jesus auch »Christus« genannt: Christos bedeutet im Griechischen der »Gesalbte« oder »Beauftragte«. Zusammen mit dem Namen »Jesus«, der in seiner hebräischen Grundform so viel wie »Gott rettet« bedeutet, ergibt sich also: »Gott rettet durch seinen Beauftragten«. Selbst in seinem Namen ist somit die Mission Jesu dargestellt.

Und schließlich müsste die Gottheit des Menschen Jesus wieder zur Gottheit in der vom Menschen losgelösten Form zurückkehren: Er müsste auferstehen. In diesem Sinne ist es ein notwendiges Ereignis, aber anderseits das ungewöhnlichste und doch wieder eines der am besten bezeugten Geschehnisse in der Bibel. Die Evangelien, der Bericht über die Anfänge des Christentums in der Apostelgeschichte und die Aussagen der Apostel in ihren Briefen lassen keinen Zweifel daran, dass nach diesem ungeheuerlichen Ereignis der Auferstehung der Auferstandene einer Vielzahl von Menschen begegnet war. Dass diese größere Gruppe von Menschen, die alle derart dem Geist der Wahrheit verpflichtet waren, dass sie dafür zu sterben bereit waren, sich insgeheim darüber abgestimmt haben sollten, die Lüge einer Auferstehung zu verbreiten, ist ausgeschlossen. Der Apostel Paulus berichtet in einem Brief an eine Gemeinde in Korinth, dass Jesus nach seinem Tod am Kreuz gesehen worden sei von Petrus, »danach von den Zwölfen (den zwölf Aposteln insgesamt). Danach ist er gesehen worden von mehr als fünfhundert Brüdern auf einmal, von denen die meisten noch heute leben, einige aber sind entschlafen. Danach ist er gesehen worden von Jakobus, danach von allen Aposteln. Zuletzt von allen ist er auch von mir als einer unzeitigen Geburt gesehen worden« (1. Korinther 15,5-8). Als der Brief geschrieben wurde, gab es also noch Zeitzeugen, die man hätte befragen können. Paulus spricht weiter von mehr als 500 Personen. Schon allein aus organisatorischen Gründen ist es völlig ausgeschlossen, dass diese große Menschenmenge in der Lage gewesen wäre, sich insgeheim zu verabreden, die Auferstehung zu verkünden, wenn sie nicht stattgefunden hätte. Und wie gesagt: Es wäre aufgrund dessen, dass Wahrheit und Wahrhaftigkeit zu den Kernbestandteilen des Evangeliums gehören, ein Widerspruch im Gewissen dieser Menschen gewesen, die keiner Bedrohung durch Folter und Tod hätten standhalten können, welche die Christen damals immer wieder erleiden mussten und heute in verstärktem Maße wieder erleiden müssen. Jesus ist auferstanden!

Eine geniale Lösung für das vermeintliche inhärente Dilemma einer grenzenlosen Liebe, die vergeben möchte, aber Unrecht nicht ungesühnt lassen darf! Und dieses stellvertretende Ertragen des Gerichts betrifft alle Menschen! Am Kreuz beglich Jesus Christus stellvertretend die Schuld aller Menschen. »Es ist vollbracht«, waren seine letzten Worte (Johannes 19,30). Im griechischen Urtext steht dort das Wort *tetelestai*, ein Wort, das damals im Römischen Reich unter bezahlte Rechnungen gesetzt wurde. Es zeigte, dass eine Rechnung vollständig bezahlt worden war. Die Schuld war und ist bezahlt. Durch die stellvertretende Begleichung der Schuld jedes Menschen hatte Jesus Christus die Voraussetzung für diesen »Rücksprung« zu der ursprünglich vorgesehenen Art des Menschen ein für alle Mal geschaffen! Sein Tod am Kreuz ist das gewaltigste Ereignis auf diesem Planeten!

Die Erfahrung

Die nächste der drei eingangs gestellten Fragen war, ob sich dieser *Artensprung* als persönliche Erfahrung manifestieren kann. In der Tat liegt das nahe: Wenn dieser Rücksprung zu der ursprünglichen Art des Menschen bedeutet, dass der Mensch tatsächlich wieder zu einem Spiegel des Wesens des Schöpfers dieses unermesslichen Weltalls wird, dann würde, wie schon erläutert, eine rein theoretische Kenntnisnahme, dass Gott Liebe ist, auch nicht im Entferntesten ausreichen, um diese Liebe adäquat zu repräsentieren! Man müsste diese Liebe persönlich erfahren! Wie auch sonst im Leben: Um kompetent über eine Person reden zu können, muss man sie persönlich kennengelernt haben.

Und in der Tat: Erfahrung oder Erkenntnis spielt in der Bibel eine absolut zentrale Rolle. Die Worte »Erkenntnis«, »erkennen« oder »erkannt« kommen in der Bibel mehrere Hundert Male vor, und allein aufgrund dieser Tatsache kann damit gerechnet werden, dass dem Begriff des Erkennens in der Bibel eine ganz besondere Bedeutung zukommt.

Durch die Analyse, in welchen Kontexten diese Begriffe verwendet werden, stellt man zunächst fest, dass meist nicht nur ein rein feststellendes oder verstandesmäßiges Erkennen gemeint ist, sondern ein tiefes innerliches Erfassen und Begreifen. So wird das Wort »erkennen« zum Beispiel auch für die Beziehung von Mann und Frau verwandt: »Und Adam erkannte seine Frau Eva, und sie ward schwanger und gebar den Kain« (1. Mose 4,1). Und betrachtet man den Zusammenhang, in dem diese Worte speziell im Neuen Testament immer wieder verwendet werden, so wird unmissverständlich klar, dass hier eine geradezu ungeheuerliche kognitive Möglichkeit des Homo sapiens beschrieben wird, die nichts mehr mit einem blinden Fürwahrhalten zu tun hat, sondern mit einer tief innerlichen Erkenntnis von Wahrheit.

Im Folgenden werden einige dieser Aussagen des Neuen Testaments in freier Übersetzung wiedergegeben, um diesen Sachverhalt zu illustrieren. Allerdings sollte man beim Lesen möglichst versuchen, diese Aussagen in ihrer direkten Bedeutung zu erfassen, als echte, konkrete Möglichkeit, auch wenn dies dem einen oder anderen zunächst schwerfallen dürfte. Hier kommt wieder die gleiche Regel ins Spiel, die den Physikern die größten Durchbrüche bescherte: Nur wenn man bereit ist, vorher Undenkbares zu denken, entdeckt man Neues.

So sprach Jesus davon, dass es möglich sei, durch Verinnerlichung seiner Worte eine endgültige Wahrheit in dem oben beschriebenen umfassenden Sinne zu erkennen, und dass dieses Erkennen eine derart tiefe Wirkung hätte, dass man eine völlige innere Befreiung erleben würde (Johannes 8,32). Dementsprechend staunten auch seine Jünger, dass sie tatsächlich erkennen konnten, dass er kein gewöhnlicher Mensch war, sondern eine Botschaft des

Schöpfers des Weltalls verkörperte (Johannes 6,69), und zwar mit der Aussage, dass sein Wesen das Wesen dieses Schöpfers spiegelte (Johannes 14,7). Die Erkenntnis dieses Wesens, sagte Jesus, sei die Essenz der Erfahrung eines Lebens, das nicht mehr der Vergänglichkeit unterworfen ist (Johannes 17,3). Dementsprechend waren seine Jünger und Evangelisten später immer bemüht, den Christen die Bedeutung dieses Erkennens einzuschärfen und dafür zu beten – wie zum Beispiel der Apostel Paulus darum betete, dass eine Gemeinde im damaligen Ephesus immer mehr zur Erkenntnis des Wesens des Schöpfers kommen solle (Epheser 1,17). Interessant ist auch, dass Petrus, der frühere Weggefährte Jesu, den Adressaten seiner Briefe jedes Mal wünschte, dass ihr innerer Friede immer mehr zunehmen werde, und zwar gerade durch die Erkenntnis des Wesens des Schöpfers, erkennbar an der Person von Jesus Christus (2. Petrus 1,2).

So sehr es in Vergessenheit geraten zu sein scheint, so offensichtlich ist die Aussage der Bibel: Es geht um ein Erkennen, um ein inneres Erfahren. Diese Feststellung, gepaart mit meiner eigenen, später noch zu beschreibenden Erfahrung, ist für mich als Physiker der Grund, dass ich Christ geworden bin. Der Glaube als einziges Charakteristikum des Christseins, ohne den entscheidenden, empirischen Kern, käme für mich nicht infrage.

Wichtig ist dabei, dass diese Erfahrung etwas völlig anderes ist als etwa die Erleuchtungserlebnisse der Mystiker. Es handelt sich um eine Wahrheitsempfindung. Jesus sagte seinen Jüngern, er würde ihnen den Geist der Wahrheit schicken, und der würde sie in alle Wahrheit leiten (Johannes 16,13). Paulus schrieb der Gemeinde in Ephesus in seinem Brief, dass es das Wort der Wahrheit sei, das die große Änderung bewirken würde, die ein Mensch erfährt, wenn er Christ wird (Epheser 1,13), und in seinem ersten Brief an seinen Freund Timotheus schrieb er, dass Gott will, dass alle

Menschen zur Erkenntnis der Wahrheit kommen (1. Timotheus 2,4). In seinem zweiten Brief an ihn warnt er davor, sich mit immer neuen Lehren zu befassen, anstatt zur Erkenntnis der Wahrheit zu gelangen (2. Timotheus 3,4). Und in diesem Brief sprach Petrus vom Weg der Wahrheit, der das eigentliche Wesen des Christseins ist (2. Petrus 2,2). Johannes, der beste Freund von Jesus, sprach in seinem ersten Brief sogar davon, dass Christen regelrecht »aus der Wahrheit« seien (1. Johannes 3,19), und dass es seine größte Freude ist, dass seine Freunde »in der Wahrheit« leben, wie er es in seinem dritten Brief bestätigt (3. Johannes 1,4).

Ganz offensichtlich handelt es sich bei der Grunderfahrung des Christseins also nicht um ein mystisches Verzückungserleben oder um eine Erleuchtung wie bei indischen Sadhus oder buddhistischen Meistern, sondern um eine recht nüchterne, aber dafür unumstößliche Wahrheitsempfindung. Es geht um die Erfahrung von Wahrheit. Wenn sie einsetzt, erkennt man, dass man sie vorher noch nicht hatte. Am Anfang mag sie noch relativ schwach ausgeprägt sein, aber ihr Charakter einer sicheren, inneren Evidenz setzt sich auf längere Sicht immer mehr durch und wird zu einem unverrückbaren Bestandteil der zentralen geistigen Befindlichkeit des Christen.

Zum besseren Verständnis dieses Sachverhaltes ist es vielleicht hilfreich, sich die wesensmäßige oder funktionale Struktur des Menschen zu vergegenwärtigen, wie sie in der Bibel beschrieben wird. Demnach besteht der Mensch aus drei funktionalen Bereichen: Körper, Seele und Geist. So schreibt etwa der Apostel Paulus in seinem ersten Brief an eine Gemeinde in Thessaloniki, dass sie in Geist, Seele und Leib untadelig bewahrt bleiben mögen (Johannes 5,19).

Aus dem Kontext, in dem das Wort »Geist« im Zusammenhang mit dem Menschen in der Bibel verwendet wird, kann man ableiten, dass damit das Innerste des Menschen gemeint ist, sein Ich, sein Sinn und seine innerste Orientierung inklusive seines Gewissens – kurz das, was seine individuelle Persönlichkeit ausmacht. Eingebettet ist dieser Geist in den Körper, den die Bibel bezeichnenderweise auch als »Hütte« oder »Zelt« beschreibt – also die materielle Ausprägung des Menschen, mittels derer er mit der materiellen Außenwelt in Wechselwirkung treten und sich in ihr bewegen kann. Durch die Sinne erfasst er Informationen aus der Umwelt und leitet sie an die gedankliche und emotionale Verarbeitung in der Seele weiter, die das Bindeglied zwischen Geist und Körper, zwischen drinnen und draußen darstellt. Hier spielen sich die Abwägungen und Entscheidungen ab, im Wechselspiel zwischen den äußeren Eindrücken einerseits und dem Gewissen und der inneren Orientierung des Geistes anderseits. Die so erzeugten Informationen und Entscheidungen werden dann durch Handlungen, durch Sprechen oder Schreiben als Reaktion an die Umwelt zurückgeliefert.

Im Unterkapitel *Information* wurde die menschliche »Software« in Analogie zum Roboter unterteilt in die *Typendefinition* oder das menschliche Wesen mit seinem Gewissen, den Verstand und das Gedächtnis. Um den Bezug zu der beschriebenen biblischen Dreiteilung des Menschen herzustellen: Den Verstand mitsamt Gefühlen und Gedächtnis könnte man der Seele zuordnen, und die menschliche *Typendefinition*, also das menschliche Wesen mitsamt dem Gewissen, dem Geist.

Anhand dieser Analogie wird nun sofort ersichtlich, wo die innere Erfahrung, um die es hier geht, stattfindet. Es ist die Erfahrung des Austausches der menschlichen *Typendefinition*, und diese Erfahrung findet nur im Bereich dieser *Typendefinition* statt – das heißt im Geist und nicht in der Seele, wie Paulus in seinem Brief an die Gemeinde in Rom bestätigt (Römer 8,16). Anders kann man die Wahrheit, um die es hier geht, nicht erfahren, schreibt er in seinem ersten Brief an die Gemeinde in Korinth (1. Korinther 2,14). Mystische Erfahrungen, Erleuchtungserlebnisse oder eine »kosmische Schau«, die durch Meditation oder unter dem Einfluss von Drogen zustande kommen, finden dagegen nicht im Geist, sondern auf der Ebene der Psyche oder Seele, im Bereich der Gefühle und Gedanken statt und haben nichts mit der christlichen Grunderfahrung gemeinsam. Es ist ein absoluter Unterschied zwischen der gefühlsintensiven Schau ungeheurer Lichtfluten, den extremen Ruhezuständen oder der Erfahrung reiner Liebe in inneren »Erleuchtungserlebnissen« nach langen Meditationsperioden oder unter Drogeneinfluss einerseits und dem unmissverständlichen Erkennen, als Wahrheitsempfindung, der Geborgenheit bei niemand geringerem als dem Schöpfer dieses Daseins anderseits. Das eine findet in der Seele statt, das andere im Geist des Menschen, in seiner innersten Essenz. Das eine umfasst vorübergehende seelische Erfahrungen, das andere hat den Charakter eines unumstößlichen und unvergänglichen Wissens. Das eine ist Zustand, das andere Information; die Bibel spricht hier auch von »Offenbarung«. Das eine ist Folge eigener Anstrengung oder der Wirkung von Drogen, das andere wird als Begegnung und Geschenk in einer vorher ungeahnten Wirkung vom Schöpfer des Daseins erfahren.

Natürlich kann diese Wahrheitsempfindung eine gewaltige seelische Erregung und eine große Freude nach sich ziehen und tut es normalerweise auch – christliche mystische Erfahrungen, sofern sie wirklich von diesem Wahrheitserleben gespeist sind, können auch von dieser Qualität sein – aber dann ist das Primäre und der Auslöser der seelischen Befindlichkeit immer die überwältigende Erkenntnis der Wahrheit im Inneren des menschlichen Geistes, nicht ein Erleben in der Seele. Die Wahrheitsempfindung ist das Primäre.

Das Problem bei den großen seelischen Erregungs- oder Erleuchtungszuständen infolge exzessiver Meditationsanstrengungen oder unter der Wirkung von Drogen ist, dass sie ehrlich Suchende dazu verführen können, diese Zustände schon für das Eigentliche zu halten. Dadurch können sie daran gehindert werden, bis zum Endgültigen durchzudringen. Darin liegt die größte Gefahr aller Esoterik und vermeintlicher spiritueller Erlebnisse unter der Wirkung von Drogen, sofern hier ehrlich Suchende Hilfe zur Lebensbewältigung, Sinnerfüllung oder vor allem eine Antwort auf die tiefen Fragen des Lebens erwarten.

Die Frage nach dem Inhalt des Erkennens, das nach dem bisher Gesagten die eigentliche Essenz des Christseins ausmacht, wurde zum Teil schon beantwortet. Die Verkörperung des Wesens Gottes kann offensichtlich nicht als Forderung gemeint sein, die der Mensch aus eigener Kraft erfüllen muss, sondern sie ist das Ergebnis des oben beschriebenen Erkennens im Geist des Menschen. Es handelt sich dabei um die innere Erfahrung der Liebe Gottes zu einem selbst. Der Gegenstand des Erkennens ist das eigene Geliebtsein von Gott. Zentraler Dreh- und Angelpunkt und Auslöser dieser Erfahrung ist dabei das Wissen um die vollkommene Vergebung aller Schuld. Das ist das alles überragende Kennzeichen dieser Liebe.

Im folgenden Kapitel wird dies weiter vertieft – an dieser Stelle soll nur betont werden, dass es nicht um ein rationales Zur-Kenntnis-Nehmen geht, dass Gott ein liebender Gott ist, sondern um eine unmissverständliche Erfahrung, dass man selber im Brennpunkt der Liebe des Urhebers dieses unermesslichen Weltalls steht. Der Unterschied zwischen einem bloßen Wissen um die Liebe Gottes einerseits und ihre persönliche Erfahrung anderseits könnte nicht größer sein. Es sind zwei vollkommen unterschiedliche Wahrnehmungen auf zwei völlig unterschiedlichen Ebenen. In einem Fall handelt es sich um die Wahrnehmung einer Information auf der Ebene des Verstandes, im anderen Fall um die bereits beschriebene Wahrheitsempfindung im Geist des Menschen.

Wenn diese einsetzt, ist naheliegenderweise auch die Suche des Menschen nach dem Sinn seines Lebens immer zu Ende. Man ist wieder die richtige Art geworden. Man weiß, dass man gefunden hat. Dieses »Finden« hat immer diese gleiche Wirkung, unabhängig davon, wer zu dieser Erfahrung gelangt, seien es Gebildete oder Ungebildete, Greise oder Kinder, Reiche oder Arme, Menschen aller Hautfarben und Sprachen, Drogenabhängige oder Kriminelle, Moslems, Buddhisten oder Vertreter anderer Religionen – und eben auch Physiker, wodurch die eingangs gestellte Frage, wie man als Physiker Christ sein kann, in einer ersten Näherung bereits beantwortet ist. Es geht nicht um blindes Fürwahrhalten unbeweisbarer Aussagen – es geht um Erkennen!

Dass diese Erfahrung tatsächlich den Sinn des Lebens ausmacht, lässt sich nur ermessen, wenn sie bei einem selber eingesetzt hat. Erklärungen können ihr nicht gerecht werden, auch wenn im Folgenden der Versuch einer Beschreibung gemacht werden soll. Am besten ist vielleicht die Analogie zur Liebe zwischen Mann und Frau dazu geeignet. In ihrer starken, reinen Form kann die Erfahrung der Liebe des Partners dazu führen, dass man das Dasein ohne Zweifel als zutiefst sinnvoll empfindet. Nicht umsonst handeln fast alle Chansons dieser Welt von der Sehnsucht nach dieser Erfahrung. Wenn aber derjenige, von dem man diese Liebe empfängt, nicht ein menschliches Gegenüber ist, sondern der Schöpfer dieses unermesslichen Weltalls, dann ist diese Erfahrung noch eine ganz andere.

Dabei ist das Unfassbare nicht nur die Tatsache allein, dass man es mit dem Urheber des Daseins zu tun hat, sondern diese Erfahrung ist gepaart mit dem unumstößlichen Wissen, dass man diese Liebe nie wieder verlieren wird. Das Damoklesschwert der Vergänglichkeit, das oft über zwischenmenschlichen Beziehungen schwebt, gibt es hier nicht. In einem tiefsten, ontologischen Sinn weiß man sich vollkommen und für immer geborgen. Auch wenn sich die äußeren Umstände in der veränderlichen Welt, in der wir leben, nolens volens immer wieder neu darstellen und zum Guten oder Schlechten wenden können – tief innerlich ist man unversehrbar geworden; dies ist unerschütterliche innere Gewissheit. In einem endgültigen Sinne ist man nach Hause gekommen. Den tiefstmöglichen Sinn des Lebens erfährt man in der Liebe des höchstmöglichen Gegenübers. Das ist der Kern des Christeins.

Es zeigt sich also, dass zur Erfüllung des Wortes »Gott schuf den Menschen sich zum Bilde« eine innere Sinngebung vorangehen muss, die dem Menschen sozusagen das Urbild erst begreiflich macht und ihn wirklich dazu befähigt, sein Abbild zu sein. Hat diese Erfahrung des »inneren Sinns« eingesetzt, dann entsteht normalerweise ganz automatisch das Bedürfnis, diese Liebe auf ganz neue Weise weiterzugeben und somit der ausgetauschten, neuen Art zu entsprechen und die Liebe Gottes in seiner Schöpfung zu repräsentieren. Das wollen die Menschen natürlicherweise ohnehin, aber das Problem ist, dass dieses Bedürfnis immer wieder durch den menschlichen Egoismus überlagert und behindert wird. Nun erhält der Mensch aber eine ganz neue Motivation und neue Befähigung dazu. Nun wird der menschliche Egoismus in zunehmendem Maße von der Erfahrung der Geborgenheit in Gott überlagert und neutralisiert.

An einem Beispiel sei dies verdeutlicht: Auch wenn der Mensch sich normalerweise der Wahrheit verpflichtet fühlt, kommt es doch immer wieder zu Lüge, Betrug und Korruption. Der Grund: Man fürchtet, dass man durch die Wahrheit zu Schaden kommen oder dass einem ohne Betrug etwas entgehen könnte. Wenn man aber nun in dieser tiefen Geborgenheit der Liebe des Schöpfers lebt, dann weiß man, dass einem letztlich nichts schaden oder entgehen kann. Dann kann man es sich leisten, die Wahrheit zu sagen und der Versuchung zu Betrug und Korruption zu widerstehen! Die Erfahrung des Geliebtseins von höchster Warte neutralisiert den Egoismus!

Und außerdem: Die Liebe des Schöpfers will man nicht enttäuschen. Man bleibt in seiner Liebe, wie Jesus es sich im Johannesevangelium wünscht (Johannes 15,9). Selbst das Gebot in der Bergpredigt »Liebet eure Feinde« (Matthäus 5,44) rückt in greifbare Nähe, da man die Menschen jetzt aus einem anderen Blickwinkel zu sehen bekommt. Es sind alles Geschöpfe dessen, dessen Liebe man zu sich selbst erfährt. In diesem Wissen erscheint einem die Aggression eines Menschen eher als Mangel an der Erfahrung dieser Liebe des Schöpfers, der ihn zu Furcht und offensivem Verhalten führt. Man schaut eher mit dem Blick eines Arztes auf ihn als eines durch ihn Gefährdeten.

Abgesehen davon macht sich nun meist ein ganz neues Bedürfnis bemerkbar, Menschen zu helfen, Bedürftige zu unterstützen, Kranke zu besuchen – und das ist umso erstaunlicher, wenn dieses Bedürfnis vorher nicht dem gewohnten Verhalten entsprach. Dieses Verhalten, das sich fast automatisch immer mehr zum Bild Gottes hin entwickelt, wird nun als weitere Sinngebung empfunden, die hier zur Unterscheidung von der genannten »inneren Sinnfindung« als »äußere Sinnfindung« bezeichnet werden soll. Dass ein derart von Liebe geprägtes Verhalten einen zusätzlichen Sinn vermittelt, ist eigentlich nichts Neues. Wenn man jemand einmal etwas wirklich Gutes getan hat, wodurch es einem Menschen beispielsweise nachhaltig wieder besser geht und er wieder froh wird, empfindet man das als zutiefst befriedigend und sinngebend. Da weiß man: Da habe ich einmal etwas Vernünftiges getan. Hier zeigt sich, dass der Mensch noch eine mehr oder weniger bewusste Ahnung davon hat, wozu er geschaffen worden ist: zum Ebenbild Gottes. Und in der neuen Befähigung zu diesem Verhalten durch die innere Sinngebung erfährt dieser »äußere« Lebenssinn nun eine immer deutlichere Ausprägung.

In diesem Zusammenhang sei hier aber erwähnt, dass diese »äußere Sinngebung« im eigenen Verhalten wachstümlich ist. Selten ist sie sofort nach dem Einsetzen der »inneren Sinngebung« schon voll ausgeprägt. Der Christ muss sich an dieses neue Leben erst gewöhnen und es in sich gewähren lassen. Gleiches gilt auch für die Erfahrung der »inneren Sinnfindung«: Erst allmählich beginnt der Christ zu begreifen, was wirklich geschehen ist. Das Überwältigende an der Erfahrung, innerlich ein neues Wesen geworden und wirklich vom Urheber all dieser Galaxien geliebt zu sein, schafft sich oft nur allmählich seine Bahn im Geist des Menschen – vielleicht auch deswegen, weil er die volle Bedeutung anfangs noch gar nicht verkraften könnte.

Der Zugang

Es bleibt die Frage, wie dieser *Artensprung* für den einzelnen Menschen aktiviert werden kann. Auch hier lässt sich wieder eine logische Spur verfolgen. Diese Voraussetzung, die Vergebung der Schuld, ist ein geistiges Geschenk. Offensichtlich kann sie nicht mit einer physischen Hand ergriffen und ausgepackt werden wie ein Weihnachtsgeschenk. Man bräuchte eine Art geistige Hand, um dieses geistige Geschenk entgegenzunehmen. Und in der Tat: die gibt es. Das ist der Glaube. Es ist die Erfahrung von Millionen und Abermillionen Menschen: Wenn man die Vergebung der Schuld im Glauben auf sich persönlich bezieht, geschieht immer das Wunder: Die Erfahrung der Liebe Gottes setzt ein. Oft geschieht dies zunächst ganz sanft, kaum bemerkbar, aber es vertieft sich unaufhörlich immer weiter bis zur unumstößlichen, wunderbaren Gewissheit. Mitunter kann diese Erfahrung auch mit großer Wucht einsetzen, aber entscheidend ist nicht die Dynamik, sondern der Vorgang an sich und das einsetzende Erkennen.

Und hier schließt sich der Kreis zu der in der Einleitung gestellten Frage, warum man als Physiker Christ sein kann, denn als Christ müsse man ja glauben – in dem Sinn, dass man Dinge blind für wahr halten müsse, die man nicht beweisen kann. Nun wird deutlich: Diese Unterstellung beruht auf einer Unkenntnis der biblischen Aussagen. Der Glaube ist nicht der Endzustand des Christen, er ist der Zugang zu ihm!

Folgende Begebenheit könnte das noch verdeutlichen: Nach einer Zeltevangelisation in Russland trat der amerikanische Missionar den Heimweg an. Ihm folgte ein Russe mit einer Flasche Wodka in der Hand, der diesen Sachverhalt noch einmal erklärt haben wollte. Daraufhin fragte ihn der Missionar: »Erheitert Sie das Trinken des Wodkas?« – »Ja, sicher«, antwortete der Russe. »Sind Sie ganz sicher?« Der Russe stutzte und schließlich begriff er: Nicht das Trinken erheiterte ihn, sondern der Wodka. Das Trinken ermöglichte es ihm nur, sich die Realität des Wodkas einzuverleiben, sodass er die Wirkung dieser Realität erfahren konnte. »Sehen Sie«, sagte der Missionar, »so ist es auch mit dem Glauben. Der Glaube ist kein Endzweck. Er ermöglicht es Ihnen nur, sich die Realität der Vergebung einzuverleiben, damit Sie die Wirkung dieser Realität erfahren können. Der Glaube ist wie das Trinken. Jesus sagte bezeichnenderweise: »Wen da dürstet, der komme zu mir und trinke« (Johannes 4,24).

Es ist gleichermaßen genial wie barmherzig, dass der Zugang zum Sinn des Lebens nicht ein gewaltiges Studium oder jahrzehntelange Meditationsübungen oder dergleichen erfordert, sondern nur ein glaubendes Auf-sich-Beziehen der Vergebung. Das ist ebenso möglich für ein Kind wie für einen Gelehrten, für den Gebildeten und Ungebildeten und für Menschen aller Kulturen auf diesem Planeten. Es ist nicht zu übersehen: Dieser Zugang zum Sinn des Lebens ist explizit für alle Menschen gemacht!

Die Tatsache zuzugeben, dass man in seinem Leben vor dem Maßstab des Schöpfers schuldig geworden ist, und die Entscheidung, dass man die Vergebung der Schuld im Glauben erfassen will, führt immer zu der erstaunlichen, als Wahrheit erkannten Erfahrung, dass diese Vergebung tatsächlich erfolgt ist.

Das geschieht ohne die geringste Vorleistung des Menschen, denn, wie gesagt, jede Leistung wäre Hybris angesichts der Qualität des Schöpfers. Die Vergebung ist reines Geschenk und muss es auch sein. Und sie ist konkret erfahrbar. Diese Erfahrung der Vergebung der Schuld ist gleichzeitig der Beginn der Erfahrung der Liebe Gottes und des Sinns des Lebens. Wenn diese Erfahrung einsetzt, weiß man: Nun ist alles gut.

Entscheidend ist dabei das Bewusstsein, dass hier der Schöpfer gehandelt hat, nicht man selbst. Damit entfällt die bange Frage, ob die Begleichung der Schuld ausreicht. Wenn Gott es tut, dann ist es perfekt. So gewaltig Gott in seiner Schöpfung ist, so vollkommen ist diese Vergebung. Es bleibt nichts mehr an Schuld übrig. Wenn diese Erfahrung zum ersten Mal einsetzt, wird sie oft als ungeheure Erleichterung wahrgenommen. Man fühlt sich wie neugeboren. Das ist die erste Manifestation der Tatsache, dass der *Artensprung* stattgefunden hat.

In der bereits beschriebenen Begebenheit, wo Jesus dem Theologen erläuterte, dass man von Neuem geboren werden müsse, vertieft er diese Aussage: der Mensch müsse »aus Wasser und Geist« geboren werden (Johannes 3,5). Das Wasser symbolisiert dabei offensichtlich die Reinwaschung von der Schuld. Der zweite Aspekt, die »Geburt aus dem Geist«, entspricht dem *Artensprung* und der dadurch ermöglichten Berührung mit dem Wesen des Schöpfers – von dem die Bibel sagt: »Gott ist Geist« (Johannes 3,5) – und der damit einhergehenden Erfahrung der Liebe Gottes, die sich im menschlichen Geist manifestiert, wie oben beschrieben wurde. Insofern ist die Beschreibung als »Geburt« absolut zutreffend: Die neue Befindlichkeit beinhaltet ein Erkennen im Geist, das erst ab dem Moment einsetzt, in dem diese Vergebung erfolgt ist, vorher nicht. Es ist ein zeitlich terminierter Entstehungsakt, eine Geburt in eine Befindlichkeit, die fortan nicht mehr verschwindet. Eintausend Jahre vor Christus äußerte der jüdische König David den Wunsch, diese Geburt zu erleben, folgendermaßen: »Erschaffe mir Gott ein reines Herz und erneuere in meinem Inneren einen festen Geist« (Psalm 50,12). Interessanterweise steht für das Wort »erschaffen« im Hebräischen wieder das Wort *bara*, das im ersten Satz in der Bibel auch für die Erschaffung des ganzen Weltalls verwendet wird, wie im Kapitel »Planet Erde« erläutert wurde. Es geht tatsächlich um die Entstehung von etwas völlig Neuem. Es ist ein schöpferischer Vorgang, ein Neuwerden des inneren Wesens des Menschen, das die eigentliche Grundlage und der Auslöser der beschriebenen Erfahrung eines Christen ist.

Wie gesagt: Sie setzt dann ein, wenn der Mensch sich entscheidet, das Angebot der Vergebung seiner Schuld anzunehmen. Dann geschieht der *Artensprung* von der Art »Geschöpf Gottes« zu der Art »Kind Gottes«, denn mit diesem neuen Wesen hat der Mensch in der Tat eine geistige Affinität zu Gott bekommen, die der körperlich-seelischen Affinität eines »natürlichen« Kindes zu seinen Eltern entspricht. Meist ist den Menschen diese Neuwerdung in dem Moment, in dem sie diese Geburt erleben, kaum bewusst – erst allmählich offenbart sich diese wahrhaft wunderbare Tatsache zusammen mit der ebenso wunderbaren wie unumstößlichen Erkenntnis, dass diese Kindschaft unauflöslich ist. Sie ist ewig.

Es geht um die Neuwerdung des Wesens des Menschen, ermöglicht durch die Vergebung der Schuld, die Jesus am Kreuz erwirkt hat. Das ist die Kernaussage des Evangeliums. Diese Erfahrung ist die Grunderfahrung des eigentlichen Christseins. Es ist die inhaltliche Essenz der Erfahrung der Liebe Gottes und der Grund einer vorher unbekannten, tiefen und sich immer weiter vertiefenden reinen Freude.

Menschen, die in einem christlichen Elternhaus aufgewachsen sind, kommen meist allmählich und sozusagen in einem gleitenden Übergang in diese Befindlichkeit. Diese Menschen gibt es aber heutzutage immer weniger und viel öfter geschieht dieser Entschluss punktuell, artikuliert als ein konkretes Gebet, sinngemäß etwa folgendermaßen:

»Herr Jesus Christus, ich komme jetzt zu dir. Ich gebe zu, dass ich Schuld auf mich geladen habe. Ich bitte dich um Vergebung all meiner Schuld. Danke, dass du mir nun vergeben hast. Und nun komm in mein Leben und führe mich von nun an.«

Dieses auch als »Versöhnungsgebet« oder »Übergabegebet« bekannte Gebet markiert heute mehr denn je den Beginn des Sinns des Lebens für Millionen und Abermillionen Menschen weltweit. Einmaliges, aufrichtiges Beten dieser Sätze und anschließendes glaubendes Festhalten der Zusage der Vergebung führt immer zu der beschriebenen Erfahrung, meist zunächst nur ganz sanft, etwa als tiefer Frieden oder als Eindruck, dass etwas durch und durch Gutes geschehen ist. Regelmäßige Zwiesprache mit Jesus Christus im Gebet sowie das tägliche Studium der Bibel – und hier zunächst vor allem des Neuen Testaments – beschleunigt und vertieft diese Erfahrung bis hin zu einer unmissverständlichen, konkreten Wahrheitsempfindung. Ohne sie wäre ich als Physiker nie Christ geworden.

ZUSAMMENFASSUNG

In der heutigen Zeit ist es nicht einfach, mit Menschen über den christlichen Glauben ins Gespräch zu kommen. Zu groß ist die Unkenntnis über die eigentliche Bedeutung des Christseins und insbesondere der Verdacht, dass man dabei etwas glauben muss, das man nicht wahrnehmen kann und das auch noch im Widerspruch zu den Erkenntnissen der Naturwissenschaft steht. Christsein sei etwas Altmodisches, das im Zeitalter der naturwissenschaftlichen Erkenntnisse und des technologischen Fortschritts einen Anachronismus darstellt.

Wenn es so wäre, dann wäre der Verdacht in der Tat begründet, dass es sich beim Christentum um »Opium fürs Volk« handelt, wie Lenin die Aussage von Karl Marx interpretierte. Diese Vorstellung basiert jedoch auf einem großen Missverständnis.

Denn wie im ersten Teil des Buches beschrieben, ist es eben nicht so, dass man als Christ an Dinge glauben muss, die im Widerspruch zur Naturwissenschaft stehen. Dieses Problem bestand zur Zeit der sogenannten klassischen Physik, die aber zu Beginn des 20. Jahrhunderts auf dramatische Weise revolutioniert wurde, sodass die vermeintlichen Diskrepanzen mittlerweile praktisch komplett ausgeräumt sind. In ihrer Selbstrelativierung nähert sich die Naturwissenschaft immer mehr den Aussagen der Bibel an – nicht umgekehrt:

Auf der Basis von Einsteins *Allgemeiner Relativitätstheorie* und aufgrund von astronomischen Messungen besagt die moderne Kosmologie, dass das Universum aus einem Anfang heraus entstanden ist, von dem an erst Raum, Zeit, Materie und Energie existierten, und dass der Raum sich seitdem ständig ausdehnt – all dies in eindrucksvoller Übereinstimmung mit den Aussagen der Bibel.

Einsteins *Spezielle Relativitätstheorie* ermöglicht ferner ein Verständnis der Entstehung von Sternen und erklärt, wie es mit ihrer Geburt plötzlich »Licht werden« kann, wie die Bibel sagt. Zusammen mit der modernen Geologie und Paläontologie liefert sie eine naturwissenschaftliche Deutung der biblischen Beschreibung der Entwicklungsetappen auf der Erde.

Ferner entdeckten die Physiker, dass die Entstehung von Leben auf dieser Erde an dem seidenen Faden einer Vielzahl von hochpräzise eingestellten Naturkonstanten hängt, deren winzigste Änderung jedes Leben sofort auslöschen würde – als ob hier »jemand« haarscharf gezielt haben muss, damit wir Menschen existieren können.

Und schließlich liefert die Quantentheorie frappierende Hinweise darauf, dass die Urform der Materie und mithin der gesamten Schöpfung letztlich Information zu sein scheint – eine Erkenntnis in erstaunlicher Nähe zu den in diesem Buch wiederholt zitierten Aussagen am Beginn des Johannesevangeliums, wo es heißt, dass alles von Gott durch den Logos, durch das Wort erschaffen wurde: »Im Anfang war das Wort, und das Wort war bei Gott, und Gott war das Wort. Dasselbe war im Anfang bei Gott. Alle Dinge sind durch dasselbe gemacht, und ohne dasselbe ist nichts gemacht, was gemacht ist.«

Von daher rückt die Aussage der Bibel, eine Botschaft des Urhebers dieser Phänomene und mithin des ganzen Universums an den Planeten Erde zu sein, auch bei einer rein rationalen Betrachtung immer mehr in den Bereich des Möglichen. Und umso naheliegender ist es, diese Botschaft nicht als einen Anachronismus einzustufen, sondern als eine Information von möglicherweise allerhöchster Bedeutung für die Menschheit.

In der Tat geht es bei dieser Botschaft, wie im letzten Kapitel dieses Buches erläutert, um eine einzigartige, revolutionäre Analyse des Dilemmas der Menschen, die sich seit Menschengedenken immer wieder gegenseitig Leid antun müssen und Leid erfahren, geradeso als ob ein Zwang auf der Menschheit liegt, dem sie nie entrinnen kann. Nur diese Botschaft präsentiert hierfür eine Diagnose, die gerade dieses Zwanghafte erklärt und die tiefgründiger nicht sein könnte: Der Mensch ist eine andere Art geworden als die, die der Schöpfer vorgesehen hatte! Sein innerstes Wesen ist orientiert an seinem Ich, dessen begrenzte und egoistische Perspektive des eigenen Vorteils immer wieder Verletzungen anderer in Kauf nimmt. Und das Evangelium ist nichts anderes als eine dieser Diagnose entsprechende, ebenso profunde wie revolutionäre Therapie: Der Mensch muss zu einer anderen, zu der ursprünglich gewollten Art werden, zu einem Menschen, dessen innerstes Wesen von der Liebe Gottes geprägt ist und dessen Kraft in der Geborgenheit dieser Liebe besteht.

Entscheidend ist, dass dies nicht nur ein theoretisches Konzept ist. Dieser wesensmäßige *Artensprung* ist realisierbar und vor allem: Er ist erfahrbar! Christsein beruht auf einer unmissverständlichen, konkreten Erfahrung dieser Neuwerdung, manifestiert als Wahrnehmung einer tiefen Geborgenheit in der Liebe Gottes. Wenn diese Erfahrung einsetzt, sind alle Diskussionen beendet. Darum ist es für die Diskussion mit Suchenden so wichtig, diesen grundlegenden Aspekt des Christseins in den Vordergrund zu stellen: Das Wesen des Christseins ist Erkennen. Es besiegelt diese Erfahrung der Neuwerdung. Die Neugeburt im Geist, von der Jesus spricht, ist erfahrbare Realität.

Um diesen *Artensprung* zu realisieren, ist jedoch der Glaube erforderlich. Durch den Glauben kommt man zur Erfahrung einer Realität, die man vorher noch nicht gekannt hat. Das ist auch sonst nichts Ungewöhnliches. Kolumbus glaubte daran, dass er Land finden würde und dieser Glaube trug ihn zur Realität der Entdeckung. Einstein vertraute darauf, dass er die Gleichungen finden würde, die den Zusammenhang von Materie und Raumkrümmung beschreiben würden, und dies trieb ihn pausenlos an, obwohl lange keine Lösung in Sicht war, bis er schließlich zum richtigen Ergebnis kam. Im Falle der christlichen Erfahrung ist der Glaube wie eine geistige Hand, mit der man das geistige Angebot ergreift, das das Evangelium anbietet: die Tilgung aller Schuld im eigenen Leben als Voraussetzung dafür, dass der »wesensmäßige Artensprung« erfolgen kann. Wann immer ein Mensch die Vergebung seiner Schuld im Glauben auf sich persönlich bezieht, erfährt er meist sofort, dass diese Vergebung erfolgt und ein neues Leben begonnen hat. Der Glaube ist der Zugang zu diesem neuen Leben.

Christsein ist alles andere als eine Befindlichkeit im Sinne eines blinden Fürwahrhaltens von Dogmen. Man kommt vom Glauben zum Erkennen. Es ist die Erfahrung des Sinns des Lebens, auch über den Tod hinaus.

NACHWORT

Laut Bibel gibt es für den Menschen drei Manifestationen oder Offenbarungen des Wesens des Schöpfers: die Schöpfung, Jesus Christus und der Geist Gottes. Und im Rückblick erscheint es mir fast so, als ob sich mein persönlicher Weg hin zur Erfahrung des Christseins an diesen drei Manifestationen und in dieser Reihenfolge entfaltet hat.

Schon hinsichtlich der ersten Offenbarung besagt die Bibel, dass diese eigentlich ausreichen müsste, dass man zu der Überzeugung gelangt, dass Gott existiert. Das war bei mir der Fall. Die Komplexität und die Größe der Schöpfung waren für mich zu überwältigend, als dass ich sie einem Zufall zuschreiben konnte. Insbesondere war mir sofort der Widerspruch in der Begründung des atheistischen Glaubens aufgefallen, dass alles naturwissenschaftlich erklärt werden könne. Denn diese Erklärung bedeutet ja nichts weiter, als dass die Naturphänomene auf physikalischen Gesetzen beruhen. Woher aber diese Gesetze stammen, darüber scheint der Atheist nicht weiter nachzudenken. Wenn er es tun würde, würde ihn gerade diese Begründung seines Atheismus auf die Frage nach einem Urheber dieser Gesetze und damit auch nach einem Urheber von allem anderen stoßen. Namhafte Physiker kennen diese tiefere Frage. So wird, wie schon erwähnt, Werner Heisenberg der

Ausspruch zugeschrieben: »Der erste Trunk aus dem Becher der Naturwissenschaft macht atheistisch, aber am Grunde des Bechers wartet Gott«. Das ist es: Die erste Vermutung, dass alles auf Naturgesetzen beruht, scheint dem oberflächigen Betrachter die Existenz eines Schöpfers überflüssig zu machen, aber diese Folgerung fällt sofort in sich zusammen, wenn er die Frage nach dem Ursprung der Naturgesetze stellt.

Was die genannte zweite Manifestation betrifft: Trotz evangelischer Taufe, Konfirmation und gelegentlicher Gottesdienstbesuche mit meinen Eltern zu Weihnachten oder Ostern blieb mir die Bedeutung von Jesus Christus bis zu meinem 25. Lebensjahr völlig verschlossen. Mir schien die Liebe Gottes, von der in der Bibel immer wieder gesprochen wird, in krassem Widerspruch zur Kreuzigung seines Sohnes zu stehen. Auch konnte ich mir nicht vorstellen, was mit »Sohn Gottes« gemeint sein könnte. Erst allmählich erschloss sich mir der logische Zusammenhang. Wenn der Sinn des Lebens wirklich in einer inneren Erfahrung der Liebe Gottes und einer dadurch ermöglichten Manifestation dieser Liebe im menschlichen Denken und Handeln bestehen würde, dann wäre es tatsächlich erforderlich, dass alles, was in einem Menschen dieser Liebe entgegenstünde, alles in diesem Sinne schuldhafte Verhalten, erst ausgeräumt werden müsste. Dass dies angesichts des unermesslichen moralischen Maßstabes Gottes kein Mensch bewerkstelligen kann, leuchtete mir ohne Weiteres ein – und demzufolge auch die Notwendigkeit, dass Gott es selber machen müsste, und zwar dort, wo die Schuld entstanden ist, das heißt auf der Ebene des Menschen und daher durch einen Menschen, den die Bibel dementsprechend sowohl als »Menschensohn« wie auch als »Sohn Gottes« bezeichnet. Er heißt Jesus Christus. Jesus: im Hebräischen Jeschua, zu Deutsch »Gott rettet«, und Christus: der »Gesalbte«, der von Gott dazu »Autorisierte«. In dem Angebot der Vergebung der Schuld, erwirkt durch die stellvertretende Begleichung dieser Schuld durch einen von Gott dazu autorisierten Retter erkannte ich plötzlich, dass die Liebe Gottes kein theoretisches Konzept ist, sondern eine konkrete Zuwendung zu mir persönlich.

Die eigentliche Erkenntnis setzte bei mir allerdings erst mit der dritten der genannten Manifestationen Gottes ein, als ich mich entschloss, dieses Angebot der Vergebung meiner Schuld auch anzunehmen. Erst daraufhin setzte diese erstaunliche Verschränkung mit dem Geist Gottes ein, durch die das Wissen um die Aussagen der Bibel zu einer inneren Offenbarung und unmissverständlichen Wahrheitsempfindung wurde. Um noch einmal das Zitat von Paulus anzuführen: »Wer in Christus ist, der ist eine neue Kreatur.« Das war in meinem Leben konkrete Erfahrung geworden.

Auch heute noch staune ich darüber, dass es das überhaupt gibt, dass man den Sinn des Lebens tatsächlich finden kann. Auch wenn diese Möglichkeit allenthalben immer wieder verdrängt, missverstanden oder entstellt wird: Hier ist die Antwort auf die tiefsten Fragen der Menschheit, und mein Wunsch ist, dass dieses Buch – auch im Hinblick auf die Darstellung der Vereinbarkeit von Bibel und Naturwissenschaft – jedem Leser die innere Konsistenz, Wahrhaftigkeit und Schönheit dieser Antwort ganz neu nahebringen oder, sofern er sie noch nicht gekannt hat, den Zugang zu ihr erleichtern konnte.

DANKSAGUNG

Mein größter Dank gilt meiner Frau Jutta. Durch die vielen Gespräche mit ihr konnte ich mir selbst über die eigene innere Erfahrung des christlichen Glaubens und die zentralen Aussagen des Evangeliums immer klarer werden, um sie auf diese Weise immer präziser formulieren zu können. Gleichzeitig bin ich ihr dankbar, dass sie es ertragen hat, dass ich oft stunden- und tagelang tief vergraben in Denkprozessen am Laptop saß.

Dankbar bin ich vor allem Herrn Dr. Ingo Resch, auf dessen Vorschlag hin dieses Buch entstand. Ohne ihn wäre mir die große Freude versagt geblieben, nach Maßgabe und Zielsetzung des Buchtitels – mehr als schon zuvor – noch tiefer in die erstaunlichen Zusammenhänge zwischen Bibel und moderner Physik einzudringen. Dankbar bin ich auch für viele konstruktive Fragen, die mich veranlassten, wesentliche Aussagen im Bereich der Physik noch verständlicher herauszuarbeiten und durch weitere Informationen zu ergänzen, sowie für Hinweise auf Wiederholungen, die man selbst oft übersehen kann.

Zu Dank verpflichtet bin ich Herrn Prof. Dr. Harald Seubert, der mich auf einschlägige philosophische Überlegungen verschiedener Autoren in der Literatur hinwies und mich ermutigte, an einigen Stellen noch präziser in der Wortwahl und im sprachlichen Ausdruck zu sein und einige Aussagen ausführlicher auszuarbeiten sowie in Folgerungen auch Gegenpositionen zu Wort kommen zu lassen.

Hinsichtlich der Aussagen zur Physik in diesem Buch danke ich Herrn Prof. Dr. Peter Hägele besonders für seine sorgfältige Durchsicht der drei Kapitel »Der Anfang«, »Information und Wirklichkeit« und »Das maßgeschneiderte Universum«. Dadurch konnten u. a. Erläuterungen zu Bereichen der Quantenphysik, zum Begriff des Zufalls und zur Bedeutung der Singularität im aktuellen kosmologischen Modell präziser gefasst und deutlicher herausgearbeitet werden.

Ebenfalls bedanke ich mich sehr bei Herrn Prof. Dr. Ralf Bergmann für die wichtigen Hinweise in Bezug auf die Aussagekraft und Reichweite der Physik und zu Bedeutung und Grenzen der Verifizierbarkeit physikalischer Modelle sowie für die Hinweise, Argumentationslinien noch weiter zu schärfen und einige der physikalischen Begriffe noch verständlicher darzustellen.

Und besonders danke ich schließlich Herrn Professor Dr. Siegfried Scherer für seine wertvollen Hinweise zu den neuesten Erkenntnissen zur Evolutionstheorie. Naturwissenschaftler sind dem Credo verpflichtet, klar zu unterscheiden – soweit das irgend möglich ist – zwischen unserem Vorverständnis von der Natur und dem, was die Natur uns unmissverständlich als empirisch belegbare Fakten vorlegt. Seine diesbezüglichen Hinweise schließen einen Kreis zu diesem Buch, in dem gerade diese Unterscheidung als entscheidender Motor zur Erweiterung unseres Verständnisses des Universums herausgestellt werden sollte.

ANMERKUNGEN

1 Bergmann, Ralf B.: Gott und die Erklärung der Welt. Christlicher Glaube oder atheistische Weltanschauung: Was ist vernünftiger? Gießen (Brunnen), S. 19.

2 Hägele, Peter C.: Die moderne Kosmologie und die Feinabstimmung der Naturkonstanten auf Leben hin, in: Bröking-Bortfeldt, Martin/Rothgangel, Martin (Hrsg.): Glaube und Denken. Jahrbuch der Karl-Heim-Gesellschaft, 18. Jg., 2005, S. 29.

3 Lennox, John: Kosmos ohne Gott. Warum Glaube und Wissenschaft zusammengehören, Dillenburg (Christliche Verlagsgesellschaft) 2023, S. 175.

4 Arno Penzias zitiert in Lennox: Kosmos ohne Gott, S. 187.

5 Lennox, John: Kosmos ohne Gott, S. 174.

6 Hawking Stephen S.: Einsteins Traum. Expeditionen an die Grenzen der Raumzeit. Hamburg (Rowohlt) 2001, S. 87.

7 Hawking Stephen S./Mlodinow, Leonard: Der große Entwurf. Eine neue Erklärung des Universums. (Originaltitel: The Grand Design. New York (Bantam Books) 2010). Übersetzung aus dem Englischen von Hainer Kober. Hamburg (Rowohlt) 2010, S. 177.

8 Neumann, Martin: Helle Supernova in der Galaxie M 82. Beobachtungstipp, in: Spektrum.de, News 22. 1. 2014, https://www.spektrum.de/news/helle-supernova-in-der-galaxie-m-82/1 221 273.

9 Vedder, Mark/Thompson, Jim: Ivan Panin's Numerics in Scripture. How Mathematics Proves Holy Scriptures. Sidney, ME (New England Bible Sales) 2014, S. 27–28.

10 Resch, Ingo: Evolutionslehre und Bibel. Auswirkungen auf die Weltanschauung im Vergleich. Mit einem Vorwort von Harald Seubert. Reihe: Denkanstöße 2. Gräfelfing (Resch) 2017, S. 43.

11 Nagel, Thomas: Geist und Kosmos. Warum die materialistische neodarwinistische Konzeption der Natur so gut wie sicher falsch ist. Übersetzung von Karin Wördemann (amerik. Originalausgabe: Mind and Cosmos: Why the Materialist Neo-Darwinian Conception of Nature is Almost Certainly False. New York (Oxford University Press) 2012). Berlin (Suhrkamp) 2013, S. 15.

12 Bergmann, Ralf B.: Gott und die Erklärung der Welt. Christlicher Glaube oder atheistische Weltanschauung: Was ist vernünftiger? Gießen (Brunnen) 2019, S. 60.

13 Seubert, Harald: Irrtümer in der Gemeinde Gottes. Wie der Zeitgeist den evangelischen Glauben verfremdet. Reihe: Denkanstöße 3. Gräfelfing (Resch) 2017, S. 73.

14 Resch, Ingo: Evolutionslehre und Bibel, S. 68.

15 Zeilinger, Anton: Einsteins Schleier. Die neue Welt der Quantenphysik. München (Goldmann) 32005, S. 59.

16 Gribbin, John und Mary: Auf der Suche nach Schrödingers Katze. Quantenphysik und Wirklichkeit. Übersetzung von Friedrich Griese (engl. Originalausgabe: In Search of Schrödinger's Cat. London (Wildwood House) 1984). München (Piper) 1987, 92011, S. 19.

17 Ebd., S. 188.

18 Zeilinger, Anton: Einsteins Schleier, S. 217.

19 Ebd., S. 216.

20 Ebd., S. 229.

21 Vgl. ebd., S. 230.

22 Fischer, Hans Peter: Die Hintertreppe zum Quantensprung. Die Erforschung der kleinsten Teilchen von Max Planck bis Anton Zeilinger. Frankfurt a. M. (Fischer-Taschenbuch) 2012, S. 108.

23 Thomas: Geist und Kosmos, S. 85.

24 Chown, Marcus: Das Universum nebenan. Revolutionäre Idee in der Astrophysik. Übersetzung von Susanne Aeckerle (engl. Originalausgabe: The Universe Next Door. London (Headline Book Publishing) 2001). München (dtv-Taschenbuch) 2003, S. 140.

25 Hägele, Peter C.: Die moderne Kosmologie und die Feinabstimmung der Naturkonstanten auf Leben hin, S. 27.

26 Ebd.

27 Stampf, Olaf: Die Wissenschaft entdeckt Gott. Wissenschaftler offenbaren ihre religiöse Haltung, in: Der Spiegel, Nr. 52/1998, S. 166.

28 Davies, Paul/Gribbin, John: Auf dem Weg zur Weltformel. Superstrings, Chaos, Complexity – und was dann? Der große Überblick über den neuesten Stand der Physik. Übersetzung von Wolfgang Rhiel (amerik. Originalausgabe: The Matter Myth. Dramatic Discoveries that Challenge Our Understandig of Physical Reality. New York (Simon & Schuster) 1992). Berlin (Byblos) 1993, S. 19.